# SICHTSCHUTZ-
## und GARTENDESIGN

Text und Fotografie Modeste Herwig

# Inhaltsverzeichnis

**Einleitung**    **7**

**I   Feste Materialien**    **13**

Der Klassiker im Garten – Holzzäune    13

In guter alter Tradition – Weidenzäune    24

Ein echter Tausendsassa – Bambuszäune    31

Stein auf Stein – Mauern aus Stein    35

Neue Farben braucht die Wand    46

Metall einmal anders – Trennwände aus Metall    53

Glasklare Strukturen – Trennwände aus Glas    57

Die Mischung macht's – Materialmix    58

Leicht und luftig – Pergolen, Spaliere, Lauben    65

Ab in den Schatten – Sonnenschutz    80

Spannung erzeugen – Gartenräume schaffen    84

**II   Lebende Materialien**    **95**

Gestalten mit Hecken    95

Grüne Schattenspender – Bäume und Sträucher    117

Mobiler Sichtschutz – Kübelpflanzen    121

Blühende Lauben und Wände    126

**III   Praxisteil**    **131**

Kletterpflanzen    131

Ziergräser und Bambus    143

Bäume und Sträucher    146

**IV   Anhang**    **152**

*Die eindrucksvolle Kulisse ist aus unterschiedlichen Materialien kombiniert: Grobe Natursteinplatten werden mit Drahtgittern gestützt, Mattglas vermittelt Modernität.*

# Einleitung

In unserer hektischen Welt möchten wir uns ab und zu einmal zurückziehen, ohne den neugierigen Blicken von Nachbarn oder Passanten ausgesetzt zu sein. Oder andersherum, wir möchten einfach mal unseren Blick ruhen lassen, ohne gezwungenermaßen auf Nachbars Terrasse oder den Carport gegenüber zu schauen. Rückzugsbereiche können im eigenen Haus, aber natürlich auch im Garten liegen, dem Platz im Grünen, der als Lebensraum zunehmend an Bedeutung gewinnt. Es gibt zahlreiche Möglichkeiten, unerwünschte Ein- und unattraktive Ausblicke auf ansprechende und ästhetische Art und Weise fernzuhalten. In diesem Buch finden Sie viele Ideen zu allen Formen des Sichtschutzes – von Mauern und Zäunen über Pergolen und Hecken – mit denen Sie Ihren Garten vor ungewollten Blicken abschirmen und zugleich optisch reizvoll unterteilen können. Wir möchten Sie zu kreativen Lösungen inspirieren – ganz klassischen, aber auch modernen – und Ihnen neue Wege aufzeigen, mit weniger bekannten oder auch recht aktuellen Materialien die schönsten Abtrennungen für Ihren Garten zu entwerfen. Ein passender Sichtschutz bietet nicht nur optische Reize, er schafft gleichzeitig Atmosphäre und leistet obendrein einen wichtigen Beitrag für Ihre Privatsphäre.

**Kein Garten ohne Begrenzung**

Der Begriff Garten geht in seinem Ursprung auf das indogermanische Wort „ghorto" zurück, das soviel wie Flechtwerk, Umzäunung bedeutet. Der Garten ist also bereits per Definition ein abgegrenztes, eingefriedetes Stück Land. So empfinden wir einen Garten auch erst dann als richtigen Garten, wenn er vom Umfeld und von anderen Gärten abgegrenzt ist. Seit Beginn der Gartenkultur wurden aus Weiden- oder Haselnussruten Wände geflochten und stachelige Hecken gepflanzt, um den Garten von der Außenwelt abzuschirmen. Eine Einfriedung bildet auch in unserer Zeit die Grenze unseres Grundstücks, dabei steht heute allerdings meist der Schutz der Privatsphäre im Vordergrund.

**Weidenruten, Hecken oder Mauern**

Als erste Einfriedungen dienten geflochtene Wände aus Weidenruten. Eine lange Tradition haben auch Hecken, wie die aus undurchdringlichem, stacheligem Weißdorn, die vielfach zum Schutz gegen Wildverbiss und vor Eindringlingen rund um Gehöfte gepflanzt wurden. Aber auch von hohen Mauern umschlossene Gärten gibt es bereits seit Jahrhunderten, man denke hier nur an die zahlreichen historischen Klostergärten.

Heute sind vor der Wahl der passenden Einfriedung einige Grundüberlegungen notwendig geworden. Insbesondere die örtlichen Bauvorschriften und auch das Nachbarrecht sollten bei der Planung unbedingt Beachtung finden. Für die Form und Ausführung gibt es häufig kommunale Regelungen. So ist beispielsweise die Einfriedung an der Grenze zu öffentlichen Verkehrsflächen oftmals verpflichtend vorgeschrieben, in Siedlungen ist ein einheitliches Erscheinungsbild der Einfriedungen zu berücksichtigen. Im Zweifelsfall sollte man sich bei der örtlichen Bauordnungsbehörde erkundigen. Die Abgrenzung zwischen zwei Gärten wiederum berührt die Nachbarrechte, hier sind Höhe, Breite und Abstände der Abtrennung wichtige Kriterien. Es lohnt sich also allemal, die wichtige und langfristige Entscheidung für einen Sichtschutz gut zu planen und abzustimmen. Dieses Buch wird Ihnen dabei helfen, passende Lösungen und Alternativen zu finden und diese sinnvoll gegeneinander abzuwägen.

**Die Gartentrennwand als gestaltendes Element des Gartens**

Eine Gartentrennwand hat neben ihrer praktischen Funktion auch einen hohen dekorativen Wert. Eine Holzwand, eine Mauer oder dicht geschnittene Spalierbäume schützen nicht nur hervorragend gegen Einblicke, sie sind darüber hinaus als eigenständige Gartenelemente von großer Bedeutung für die Gestaltung des Gartens.

*Rechts: Reduzierte Gestaltungselemente und ein eingefärbter Putz geben der Mauer ihren individuellen Charme.*

*Links: Eine Wand aus Corten®-Stahl – Rost wird hier zum dekorativen Element.*

*Dieser moderne Sichtschutz besteht aus dunkelgrauen Vollkunststoffplatten (Trespa). Die Fugen sind mit schmalen Streifen aus Spiegelglas verkleidet. Zwei Konsolen mit Kunstobjekten lassen die Wand zur Galerie werden.*

Beim Entwerfen eines Gartens ist die Einfriedung daher das erste Element, auf das zu achten ist. Eine hübsche Trennwand bildet den Hintergrund für Beete und Solitärgewächse. Zäune, Hecken und Pergolen teilen den Garten in Räume und schaffen somit Strukturen. Dabei sollte der Bau einer Einfriedung keineswegs als lästige Pflicht empfunden, sondern vielmehr als grundlegendes Gestaltungselement begriffen werden. In diesem Buch werden viele neue Ideen vorgestellt, die den gewünschten Zweck erfüllen und Ihrem Garten gleichzeitig ein unverwechselbares Gesicht geben.

**Die Auswahl der Materialien ist die grundlegende Entscheidung**

Bei der Entscheidung für einen Sichtschutz kann man zwischen lebendem und festem Material wählen. Lebende Trennwände wie Hecken oder bewachsene Pergolen integrieren sich ihrem Wesen nach besser in einen Garten, müssen dafür aber mit der gleichen Sorgfalt behandelt werden wie die übrigen Pflanzen. Trennwände aus Feststoffen wie Holz oder Stein haben den Vorteil, dass sie sofort eine Privatsphäre schaffen und nicht erst wachsen müssen. Auch der Pflegeaufwand ist meist geringer, dafür sind sie oft unverrückbar und teurer in der Herstellung. Die Auswahl der Materialien – modern oder klassisch – bestimmt zu einem großen Teil die Atmosphäre des Gartens. In einem modern gestalteten Garten können Atmosphäre und Stil durch entsprechende Materialien und auch Farben zusätzlich betont werden. Ein rustikaler Holzzaun wäre hier ein eher unpassendes Element. In einen klassischen Garten wird sich dagegen eine Hecke oder eine Holzwand gut einfügen. Fällt die Entscheidung für feste Materialien, sollte ein zusammenhängendes Ganzes entstehen, bei dem auch dem Stil Ihrer Wohnung oder der Fassade Ihres Hauses Rechnung getragen werden sollte, um Stilbrüche zu vermeiden.

Mit Hecken lassen sich Gärten – vor allem auch größere – gut strukturieren. Aufgrund ihrer Mindestbreite von etwa 50 cm brauchen sie allerdings Platz. Aber dieser Aufwand lohnt sich: Hecken sind hervorragende Windbrecher, bieten zahlreiche Möglichkeiten zum Formschnitt und – zur Freude der Vogelliebhaber – Hecken sind beliebte Niststätten. Alternativ zur Hecke bietet auch ein begrünter Zaun beispielsweise aus Maschendraht oder Weidenruten einen idealen Sichtschutz. Und wie die Hecken schließt sich eine solche Trennwand nahtlos in die bestehende Bepflanzung des Gartens ein. Ein efeuberankter Zaun ist nicht nur immergrün, er benötigt auch deutlich weniger Platz als eine Hecke und ist zudem pflegeleicht. Eine Abtrennung aus begrünten Weidenruten eignet sich für etwas größere, naturnahe Gärten. Allerdings müssen die Ruten regelmäßig geschnitten werden, da sonst in kürzester Zeit ein „Weidenwald" entsteht.

Wer für eine Hecke keinen Platz im Garten hat, greift einfach zum Klassiker der Trennwände: dem Gartenzaun. Das am häufigsten verwendete Material hierfür ist Holz. Es ist nicht nur relativ preiswert, sondern auch einfach zu verarbeiten; bereits vorgefertigte Steckpaneele aus Weich- oder Hartholz sind äußerst praktisch in der Handhabung und führen zu einem schnellen Ergebnis. Allerdings sollte man sich die Mühe machen, insbesondere Weichholz vorher zu streichen oder zu beizen, da dann Ihr Zaun deutlich länger hält. Andere gebräuchliche Naturmaterialien für den Gartenzaun sind Heide, Bambus und Weidenruten. Je nach Gartenkonzept eignen sich auch moderne Werkstoffe hervorragend, sie sind wetterbeständig, kratzfest, farbecht und pflegeleicht. In diesem Buch werden wir Ihnen eine Reihe ausgefallener Anregungen zu diesem Thema geben. Wir zeigen Ihnen Trennwände aus Metall, Glas, Stein oder Kunststoff (Trespa) und kreative Kombinationen aus verschiedenen Materialien. Aber auch Pergolen, Lauben oder ein einfacher Sonnenschutz können unerwünschte Ein- und Ausblicke verhindern. In unserem Praxisteil vermitteln wir Ihnen viele Ideen und praktische Tipps zur Materialauswahl und zur Gestaltung von Gartenräumen und Terrassen.

*Dieser sehr schmal geschnittene Garten wird durch eine horizontal gegliederte Holzwand begrenzt. Der auffällige, hellblaue Farbton gibt dem ganzen Ensemble eine moderne Aura.*

# Feste Materialien

## Der Klassiker im Garten – Holzzäune

Sichtschutzwände aus Holz haben den großen Vorteil, dass sie nur wenig Platz benötigen, daher sind sie vor allem in kleineren Gärten fast unverzichtbar. Holz lässt sich ohne allzu großen Aufwand verarbeiten und bietet durch die Wahl des Anstrichs oder verschiedene Arten der Beize eine außerordentliche Variationsbreite in der Farbgestaltung. Und das natürliche Material wirkt nicht nur sehr freundlich, es schont zudem auch noch den Geldbeutel. Entscheidend für die Atmosphäre im Garten ist die Art der Ausführung. Hier ist es besonders wichtig, einen Typus auszuwählen, der sich schlüssig in das bestehende Gartenkonzept einfügt. Horizontal angeordnete Planken beispielsweise passen hervorragend in einen modernen Garten. Runde Pfähle, in Reihung aufgestellt, sind hingegen ideal für den naturnahen Garten. In diesem Kapitel werden Sie einige attraktive und inspirierende Varianten zum Thema Holzsichtschutz finden.

## Damit kommt Leben ins Spiel: Formen und Farben

Eine abgedichtete Holzwand, bei der die Latten ohne Fugen aneinanderstoßen, bietet optimalen Schutz vor Einblicken – wie auf dem Foto links zu sehen. Eine völlig dichte Abschirmung kann allerdings bewirken, dass der Wind über die Wand hinweg bläst und weiter hinten im Garten wieder herunterkommt. Wenn der Zaun den Wind brechen soll, ist eine Struktur aus feinen Latten mit vielen Spalten vorzuziehen.

Der Schutz vor Einblicken wird naturgemäß erst durch die Höhe des Sichtschutzes gewährleistet, hierfür sind in der Regel 1,80 bis 2 m erforderlich. Hinsichtlich der Höhe – darauf wurde bereits in der Einleitung verwiesen – sollten die Vorgaben

der örtlichen Bauvorschriften berücksichtigt und die Zustimmung der Nachbarn eingeholt werden. Eine gemeinsam erarbeitete Lösung birgt zusätzlich den Charme einer möglichen Kostenteilung. Ist aufgrund der kommunalen Regelung eine sichtabweisende Trennwand straßenseits nicht möglich, besteht für größere Gärten die Option, einige Meter vom Gehweg entfernt eine höhere Wand im Garten zu platzieren. Niedrigere Holzwände sind bestens geeignet, Bereiche innerhalb des Gartens abzutrennen, so zu sehen auf Seite 16.

Meistens wird darauf verzichtet, bereits imprägniertes Holz zusätzlich anzustreichen, allerdings wirkt es dann nach einigen Jahren oftmals ungepflegt und verschmutzt. Unser Tipp lautet daher, auch imprägniertes Holz auf jeden Fall zu beizen oder anzustreichen, denn dadurch verlängert sich seine Lebensdauer deutlich. Beizen ist insgesamt weniger aufwändig als ein Anstrich. So lässt sich ohne weiteres eine neue Schicht auf die alte auftragen und man erspart sich somit mühevolle Schleifarbeiten. Attraktive Gestaltungsmöglichkeiten bieten sich auch mit Beize. Sie kann transparent oder auch deckend aufgetragen werden. Soll die Holzstruktur sichtbar bleiben – was bei Holz oftmals gewünscht ist – reicht es aus, nur eine Schicht aufzutragen. Neutrale Holztöne sind besonders schön in einem natürlichen Garten. Edle Effekte erzeugt hingegen eine Beize auf Wasserbasis, sie trocknet matt ab und strahlt damit Wertigkeit aus. Wer das Besondere möchte, bringt jedoch Farbe ins Spiel. Gedecktere Töne wie Dunkelgrün, Dunkelblau, Braun oder Schwarz lassen das Holz dezent wirken. Hellere Töne wie Weiß, Hellblau, Hellgrün und Hellgelb setzen dagegen deutlich sichtbare Akzente und schaffen Betonung. Hier bekommt auch das Licht eine bedeutende Rolle, so kann ein düsterer Gartenraum durch einen Anstrich in hellen Farben enorm aufgehellt werden. Wer ausgesprochen moderne Effekte erreichen möchte, sollte mit leuchtenden Farben wie Rot (Seite 15) und Hellblau (Seite 12) arbeiten.

Ein schlichter Holzzaun kann durch geschmackvolle Verzierungen und dekorative Elemente mit recht geringem Aufwand zu einem auffallenden Objekt umgestaltet werden. Der Holzcharakter des Zauns auf Seite 14 wird beispielsweise

*Kontrastreiches Farbkonzept: Rot und Schwarz setzen starke Akzente im Garten. Ein Streifen aus Edelstahl lockert die Trennwand links deutlich auf.*

*Ton sur Ton:* Die graublaue Pfahlreihe bildet den perfekten Hintergrund für die wilde Blumenwiese. Schmale und breite Latten im Wechsel, große Fugen. So erhält der Lattenzaun rechts seinen verspielten Touch.

optisch durch eine horizontal angebrachte Edelstahlplatte gebrochen, dadurch erhält er einen modernen Touch. Auf Seite 10 ist eine Wand aus grauen Kunststoffplatten abgebildet. Dort sind auf Konsolen kleine Kunstwerke ausgestellt. Wetterfeste Drucke oder Fotografien lassen einen Zaun regelrecht zur Ausstellungsfläche werden – eine Galerie im Garten. Auch mit Beleuchtung kann man interessante Effekte erzielen und spannungsreiche Räume schaffen. Die moderne, blaue Holzwand von Seite 12 lässt sich durch die drei schlichten, schwarzen Außenlampen auch abends gut in Szene setzen. Die hölzerne Nischenwand auf Seite 22 erhält durch die stark formgebende Stahlarmatur eine sehr reduzierte Beleuchtung, die Rückzugsmöglichkeit signalisiert.

Eine naturnahe Gestaltung erreicht man mit einem (teilweisen) Bewuchs, Pflanzen kleiden den Zaun dabei regelrecht an. Beispiele für ausgesuchte dekorative Kletterpflanzen sehen Sie ab Seite 131.

**Wenn's mal schnell gehen soll – einfach Paneele**

Feste Paneele sind das Material für Gartenzäune schlechthin, hierbei werden die Paneele einfach zwischen zwei Holzpfähle eingehängt und bilden somit eine dichte Trennwand. Paneelwände sind im Allgemeinen eher einfache, neutrale Zäune, die wenig auffallen, erst recht nicht, wenn sie zusätzlich in einem dunklen Farbton gebeizt sind. Etwas auffälliger sind Modelle mit runder Oberkante, mit geflochtenen Streifen oder Spalierzäune. Auch hier bietet sich also eine Reihe an Variationsmöglichkeiten. Interessant und praktisch zugleich sind die sogenannten Louvre-Schirme. Die Latten – wahlweise aus Holz oder Metall – sind beweglich wie bei Lamellenvorhängen. Hat man genug von der Aussicht – oder der Einsicht, kippt man sie so, dass sie sich komplett schließen. Es lohnt sich übrigens, bei Paneelzäunen auf Qualität zu achten. Bei günstigen Modellen macht sich die Mühe der Montage

*Leichtigkeit und Standfestigkeit zugleich vermittelt diese Trennwand aus Hartholz durch den dezenten Metallrahmen. Wenn das Holz im Laufe der Zeit Patina ansetzt, verringert sich der farbliche Kontrast zwischen Holz und Metall.*

leider oft nicht bezahlt. Es sollten schon rostfreie Stahlnägel verwendet werden und die Eckverbindungen aus Nut und Feder bestehen. So haben Sie auf jeden Fall länger Freude an Ihrem Zaun.

### Praxistipp

Da eine Abtrennung für viele Jahre als dominierendes Element in Ihrem Garten stehen wird, ist es durchaus empfehlenswert, hier etwas mehr Aufmerksamkeit zu investieren. Praktischerweise gibt es eine große Auswahl an fertigen Holzelementen in vielerlei Abmessungen zu kaufen, so dass das Entwerfen und Bauen eines Holzzaunes nicht nur Freude macht, sondern auch leicht fällt. Diese Lösung ist häufig sogar günstiger, in jedem Fall aber individueller als eine vorgefertigte Standardholzwand. Und so können Sie mit den Materialien spielen: Wechseln Sie beispielsweise schmale und breite Latten ab, bestimmen Sie selbst, wie breit die Fugen zwischen den Hölzern sein sollen oder entwerfen Sie ein rhythmisches Muster mit Brettern verschiedener Breite. Eine kleine, skizzenartige Zeichnung hilft Ihnen, sich schon vorher ein Bild von Ihrem Zaun zu machen. Die erforderlichen Werkstoffe – wie Balken, Latten, Planken und Bretter – erhalten Sie in jedem Holzhandel oder auch in Baumärkten und Gartenzentren. Noch ein Tipp: Lassen Sie sich die Ware von dort doch einfach anliefern.

Neben dem Design ist die Standfestigkeit ein weiteres wichtiges Thema. Freistehende Zäune aus dünnem Material und mit großer Oberfläche laufen schnell Gefahr, vom Wind beschädigt zu werden. Um dem vorzubeugen, sollten Pfosten und horizontale Verbindungslatten so stabil sein, dass sie nicht leicht einknicken können. Empfehlenswert sind ein solider Metallrahmen und in Beton gesetzte Pfosten (Seite 18). Wenn man bedenkt, dass ein in den Boden eingelassener Pfosten mindestens 20 Jahre halten muss, ohne dass er verrottet, wird schnell deutlich, dass nicht jedes Material für diesen Zweck geeignet ist. Imprägniertes Fichtenholz beispielsweise sollte besser

*Rhythmisch streng und dennoch locker verspielt wirkt der lamellenartige Lattenzaun, der spannungsvoll den Blick auf den dahinterliegenden Garten freigibt.*

in einen metallenen Pfahlsockel gesetzt werden, da es direkt im Boden einfach zu schnell verrottet. Am geeignetsten sind Pfosten aus Beton: Sie sind preiswert, halten länger als das härteste Holz und haben bereits vorgebohrte Löcher. Für wirklich kräftige Zäune empfehlen wir Betonpfähle von 10 x 10 cm, die es in unterschiedlichen Längen gibt. Ebenfalls geeignet ist Hartholz der Klasse 1; Pfähle von 9 x 9 cm und in Längen bis über 3 m sind im Holzhandel zu bekommen. Eine Alternative dazu ist recyceltes Plastik; daraus werden dunkelgraue Pfähle hergestellt, die wegen ihres Stahlkerns ebenfalls besonders stabil sind.

Zum Setzen eines Pfahls: Zuerst wird ein Loch in der entsprechenden Tiefe ausgehoben, unten hinein legen Sie einen Ziegel oder Backstein. Stellen Sie nun den Pfahl auf und füllen das Loch mit viel Wasser und Sand. Sobald das Wasser getrocknet ist, steht der Pfahl absolut fest. Noch mehr Stabilität erreichen Sie, wenn Sie das Loch mit Sand und Beton auffüllen.

**Senkrecht oder waagerecht – die Lattung macht's**

Zaunlatten gibt es in den unterschiedlichsten Breiten, ein gebräuchliches Maß für die Errichtung eines Sichtschutzes sind etwa 17 cm. Für die Stärke genügen meist 2 bis 3 cm. Zur Befestigung der Latten sollten Sie unbedingt Schrauben aus Messing oder rostfreiem Stahl verwenden. Gewöhnliche Schrauben haben den Nachteil, dass sie schnell rosten und ärgerliche Flecken auf dem Holz verursachen. Die Anordnung der Latten am Zaun bewirkt ganz unterschiedliche optische Effekte und ist eine grundlegende Überlegung. Durch horizontale Anordnung erscheint ein Zaun langgestreckt, dabei können die langen, waagerechten Linien allerdings schnell etwas schwer wirken. Eine vertikal gegliederte Lattung wirkt hingegen leichter, vor allem, wenn Fugen zwischen den Latten bleiben. Wer es weniger streng mag: Einen verspielten Effekt erhält man durch die Verwendung von Latten verschiedener Breite (Seite 17). Eine Wand, die hundertprozentig gegen Einblick abschirmen soll, darf nur

*Die schmalen, weiß gestrichenen Latten greifen den strengen, formalen Charakter des Gartens auf und unterstützen das leicht asiatische Flair.*

minimale Spalten zwischen den Latten aufweisen. Alternativ kann die Lattung – wenn es aus optischen Gründen gewünscht ist – auch mit einer breiten Fuge versehen werden. Um den Sichtschutz hierbei dennoch zu gewährleisten, setzen Sie einfach eine weitere Reihe dahinter, die die Fugen abdeckt. Grundsätzlich ist es aber anzuraten, immer einen Spalt zwischen den Latten zu lassen, so kann das Holz gut trocknen und wird später nicht so schnell verrotten. Dies gilt vor allem bei horizontaler Montage. Dass man eine Wand auch ganz ohne Lattung einfach aus einzelnen Pfählen errichten kann, sehen Sie auf Seite 16. Eine weitere originelle Idee zeigt das Foto auf Seite 19. Hier ist eine Wand aus einzeln aufgestellten Latten entstanden, die wie Lamellen wirken. Ein solcher Sichtschutz bringt Spannung in einen Garten, da Vorder- und Hintergrund niemals klar voneinander abzugrenzen sind. Es bedarf sicherlich einigen handwerklichen Geschicks, die Latten so akkurat anzuordnen, aber dafür kann sich das Ergebnis wirklich sehen lassen. Der Kreativität sind auch in puncto Farbe und konstruktive Elemente keine Grenzen gesetzt, wie die weiß gebeizte Wand auf Seite 21 und der wirklich einladende integrierte Sitzplatz links beispielhaft zeigen. Der stabile Sichtschutz im Bild rechts besteht aus einfachen Gerüstbohlen; kleine Fenster – auch ein einfaches, aber liebevolles Gestaltungselement – geben den Blick frei auf das dahinterliegende Wasser.

**Auf das richtige Holz kommt es an**

Handelsübliche Fertigzäune werden im Allgemeinen aus imprägniertem Nadelholz hergestellt. Durch chemische Behandlung erhält es eine hellgrüne Farbe, die später verblasst. Gänzlich unbehandelte Weichholzsorten sollten vor der Verarbeitung gebeizt werden, um sie vor dem vorzeitigen Verrotten zu schützen. Ungehobeltes Holz, das im Gerüstbau verwendet wird, ist äußerst stabil und robust; im Garten auf Seite 23 wurde dieses Holz für Plattform und Wandabtrennung verwendet. Ideal geeignet für Sichtschutzwände ist auch Hartholz. Es ist zwar ein wenig teurer als Weichholz, muss dafür aber weder imprägniert noch gestrichen werden. Aufgrund

*Der kleine, gemütliche Nischensitzplatz links, in die Holzwand integriert, hat das Zeug zum Lieblingsplatz. Ein herrlicher Fleck, um ungestört zu sitzen. Die Wand rechts besteht aus einfachem Gerüstbauholz, kleine Fensteröffnungen gewähren Ausblicke auf die Landschaft.*

seiner längeren Lebensdauer ist es langfristig eine gute Investition. Neues Hartholz ist meistens rotbraun, durch Verwitterung erhält es mit der Zeit einen graubraunen Farbton. Einen wichtigen Hinweis möchten wir an dieser Stelle noch geben, falls Sie sich für Tropenholz entschieden haben: Kaufen Sie bitte nur Hartholz aus regenerativem Anbau (Plantagen), das mit einem Gütesiegel versehen ist. Nur so ist gewährleistet, dass das Holz nicht aus Raubbau stammt, der zunehmend die Tropenwälder zerstört. Holz wird übrigens eingeteilt in Haltbarkeitsklassen: Klasse I (mehr als 25 Jahre), Klasse II (15–25 Jahre), Klasse III (10–15 Jahre), Klasse IV (5–10 Jahre) und Klasse V (weniger als 5 Jahre). Dies hilft Ihnen sicherlich bei der richtigen Wahl.

### In guter alter Tradition – Weidenzäune

Das Flechten von Trennwänden aus Weidenruten hat eine jahrhundertelange Tradition, vor allem in Feuchtgebieten, dem natürlichen Verbreitungsgebiet der Weide. Wegen ihrer natürlichen Wirkung sind Flechtwände aus Weidenruten seit einigen Jahren aufs Neue sehr populär geworden. Sie vermitteln einfach mehr Lebendigkeit und Anmut als die einfachen hölzernen Paneele. Daher sind sie erste Wahl für den natürlich aussehenden oder den romantisch gestalteten Garten. Eine große Rolle für ihre Beliebtheit dürften auch der ansprechende Preis und die einfache Art und Weise der Verarbeitung spielen. Flechtwände aus dünnen Zweigen haben nur eine begrenzte Lebensdauer von wenigen Jahren. Geflechte aus dickeren Ruten können hingegen bis zu 10 Jahre alt werden. Eine längere Lebensdauer erhält man in jedem Fall durch den Bewuchs mit Efeu.

Weidenflechtwände sind auch als Paneelzäune erhältlich (Foto Seite 25). Sie werden direkt vor Ort auf Maß geflochten. Meist werden dazu frische Weidenruten verwendet, also Weidenzweige, die zwei Jahre gewachsen sind und eine Länge von ungefähr 4 m haben. Zur leichteren Verarbeitung werden sie meist der Länge nach gespalten. Frische Weidenruten werden im Frühling geliefert, wenn sie gerade ausgeschlagen

*Ein schachbrettförmiges Weidengeflecht, an stabilen Pfählen befestigt, bildet den optimalen Hintergrund für die naturnahe Bepflanzung.*

*Ein regelrechter Farbknaller ist dieser blaue Zaun aus dicken Weidenruten. Dem Zementgemisch, mit dem die Wand bestrichen worden ist, wurde einfach ein Farbpulver hinzugefügt.*

sind. Da das Holz dann noch lebt, sollte der Kontakt der Weidenruten mit dem Boden vermieden werden, denn die Weide besitzt eine enorme Wuchskraft und bildet jedes Jahr meterlange Ausläufer, die stets geschnitten werden müssen. Aus diesem Grund werden die Ruten meistens nur horizontal geflochten, wodurch der Bodenkontakt vermieden wird. Getrocknete Weidenruten sind eventuell auch verwendbar, sie müssen aber erst eingeweicht werden, bis sie geschmeidig sind. Auch für die Pfähle der Weidenzäune gelten die gleichen Anforderungen hinsichtlich Haltbarkeit und Standfestigkeit wie beim Holzzaun.

Hier möchten wir Ihnen noch ein paar Anregungen zu Effekten, Farbspielen und Mustern geben: Mit gespaltenen Weidenruten erzielt man einen luftigen Effekt. Ruten, bei denen die Rinde entfernt wurde, haben einen helleren Farbton; durch das Mischen von dunklen und hellen Weidenruten können somit wirkungsvolle Muster erzielt werden, wie auf Seite 27 zu sehen ist. Mit der Zeit wird der Farbunterschied allerdings schwächer. Dekorative Muster können ebenfalls durch den Wechsel von dicken und dünneren Ruten hergestellt werden. Ein geschickter Flechter zaubert Ihnen auch Sichtlöcher, Kurvenformen mit niedrigen und hohen Abschnitten oder andere gestalterische Elemente in Ihren Weidenrutenzaun. Das ansprechende Flechtwerk auf Seite 25 besteht aus horizontal und vertikal geflochtenen Weidenbüscheln mit mehr als 20 dünnen Zweigen. Für diese Wand wurden jedoch Fertig-Schirme verwendet, da das gezeigte Flechtwerk nicht so einfach selbst herzustellen ist. Die Wände auf den Seiten 28 und 29 bestehen ebenfalls aus vorgefertigten Elementen. Hierzu wurden dicke Weidenruten vertikal im regelmäßigen Abstand von 20 bis 30 cm angeordnet, darin sind Büschel dünner Zweige eingeflochten. Das fertige Element wurde anschließend an kräftigen Pfosten befestigt.

*Der auflockernde Farbeffekt wurde durch den Wechsel aus geschälten und ungeschälten Weidenruten erzeugt. Der Farbunterschied wird im Lauf der Zeit weniger auffällig, da die geschälten Weidenruten nachdunkeln.*

*Ein klassisches Flechtwerk aus dünnen, biegsamen Weidenruten, die mit stärkeren, senkrecht stehenden Ästen verwoben wurden. Solches Flechtwerk gibt es fertig zu kaufen.*

**Wo Kletterpflanzen gerne ranken**

Weidenrutenzäune bilden erstklassige Rankhilfen für Kletterpflanzen. Vor allem Efeu ist hierfür hervorragend geeignet, weil dieser kräftige Kletterer immergrün ist und zudem starke Äste bildet. Wahlweise kann der Gewöhnliche Efeu (*Hedera helix*) oder die feinblättrige Sorte *Hedera helix* 'Baltica' dazu verwendet werden. Da die Äste des Efeu mit der Zeit sehr dick werden, ersetzen sie schnell das verrottende Holz der Weidenruten. Was stehen bleibt, ist eine immergrüne, natürliche „Wand". Auch andere Kletterpflanzen mit stark ausbildenden Ästen sind zum Bewuchs bestens geeignet, insbesondere die Kletterhortensie. Fällt die Entscheidung für eine Wand aus dünnen Weidenzweigen, können Sie beispielsweise eine *Clematis* daran entlangwachsen lassen. Wenn die Wand allerdings nach einigen Jahren verrottet ist, hat die Kletterpflanze ihre Rankhilfe verloren.

**Ein neues Antlitz dank Zement**

Weidenrutenzäune lassen sich auch mit Lehm oder einem Gemisch aus Zement und wahlweise Lehm oder Sand bestreichen, dadurch erhalten sie einen ganz neuen Charakter. Um hier wiederum Farbe ins Spiel zu bringen, wird die getrocknete Zementmasse einfach gestrichen oder das frische Zementgemisch mit Farbpulver eingefärbt, das Ergebnis sehen Sie auf Seite 26. Und so gehen Sie vor: Sie mischen weißen Zement mit grobem Flusssand im Verhältnis 3 Teile Sand und 1 Teil Zement. Geben Sie nun Wasser hinzu und verrühren Sie alles mit einem elektrischen Rührwerk (ist im Baumarkt zu mieten) solange, bis ein fester, nicht zu nasser Brei entsteht. Machen Sie beim Anmischen der Farbe vorher auf jeden Fall eine Probe. Zum Ausstreichen in das Weidenrutengeflecht verwenden Sie ein einfaches Reibebrett. Es sieht übrigens besonders schön aus, wenn einzelne Ruten noch aus der Zementschicht herausschauen.

*Das Herzstück dieses Gartens ist die transparent wirkende Wand aus Weidenruten, eingerahmt von erhöhten hölzernen Sitzflächen. Im Durchgang fällt der Blick auf einen formschönen Meditationsstein.*

*Asiatisches Flair: Aufgereihte dicke Bambusstangen schirmen vor Einblicken ab. In Kombination mit Bambuspflanzen ein wirklich stilechtes Ensemble.*

**Praxistipp**

Sie können eine solide Wand aus Weidenruten gut selbst herstellen. Beginnen Sie mit dem Setzen von Beton- oder Hartholzpfählen im Abstand von ca. 2 m. Die Pfähle werden an ihrer Oberseite durch Hartholzlatten miteinander verbunden. Unten werden zuerst zwei Flechtlatten aus Hartholz zwischen den Pfählen durchgeflochten, um zu verhindern, dass die Weidenruten den Boden berühren. Dann werden Weidenäste (gerade Äste mit 2 bis 3 cm Durchmesser) von 2,60 bis 2,80 m Länge Stück für Stück zwischen die Pfähle geflochten. Die Enden der Zweige ruhen dann an den Pfählen. Kalkulieren Sie für einen Zaun von 2 m Höhe ungefähr 80 vertikal angeordnete Weidenruten. Je nach Standort werden die Weidenruten nach etwa 10 Jahren verrottet sein, dünnere Zweige sogar noch eher. Wenn Sie die Wand mit Efeu bewachsen lassen und die dicken Stämme nach 1 bis 4 Jahren auch um die oberste Latte gewachsen sind, haben Sie auf Dauer eine stabile Wand. Den Efeu sollten Sie bei mageren Böden jährlich düngen und jedes Frühjahr die Seitentriebe abschneiden. Die efeubewachsene Weidenwand wird nicht breiter als 30 bis 40 cm, bleibt also deutlich schmaler als eine traditionelle Hecke. Soll die Wand eine kürzere Lebensdauer haben, schlagen Sie alle 50 cm einen Kastanienholzpfahl in den Boden und flechten biegsame Weidenäste dazwischen.

## Ein echter Tausendsassa – Bambuszäune

Bambusrohr eignet sich ausgezeichnet zum Bau von Zäunen und Abtrennungen. Farbton und Form des Rohrs fügen sich nahtlos in einen fernöstlich gestalteten Garten ein. Aber auch in der Kombination mit Bambuspflanzen, hölzernen Stegen oder Ziergräsern lässt es sich hervorragend verwenden. Ein Tipp für Trennwände aus Bambus: Wenn nach etwa fünf Jahren der Teil des Rohrs, der in der Erde steckt, verrottet ist, schlagen Sie einfach einen kräftigen Pfahl in den Boden und stülpen

*Die geflochtene Matte aus geschmeidigem Bambus bietet eine natürliche, dichte Abschirmung und wirkt mit einer grünen Bepflanzung weniger formell.*

*Die Kombination aus Heidematten und dünnem Bambusrohr fügt sich hervorragend in eine natürliche Bepflanzung ein.*

den abgebrochenen Bambus darüber, so wird die Lebensdauer der Trennwand noch etwas verlängert. Je nach Dicke des Rohrs und der Art der Konstruktion kann Bambus durchaus 20 Jahre halten.

**Matten aus Bambus & Co.**

Matten aus Bambusrohr gibt es in Höhen von meist 50 cm bis zu 2 m. Sie werden aus dünnem Rohr hergestellt und mit Draht verbunden. Naturmatten sind auch als Flechtwerk erhältlich, Seite 31 zeigt eine von vielen Varianten. Eine Alternative sind Kombinationen von Heide- oder Weidenmatten mit Bambus, wie auf dem Foto links zu sehen ist. Die Matten müssen an einem haltbaren Rahmen – Pfosten aus Hartholz oder Beton – und einer Querlattung befestigt werden. Es empfiehlt sich, die Matten oberhalb des Bodens zu befestigen, damit sie trocken stehen und nicht so schnell verwittern. Dazu eignet sich eine Abschlusskante aus Beton oder Stein, auf der die Matte aufliegt. Die Lebensdauer der Naturmatten ist in der Regel nicht sehr lang. Daher unser Tipp: Lassen Sie starke Kletterpflanzen wie Efeu an der Wand emporwachsen, wenn die Matten dann verrottet sind, bleibt das Efeu als dichte, immergrüne Wand stehen. Naturmatten sind das ideale Material für den schnell realisierbaren Sichtschutz, denn sie sind einfach zu errichten und schirmen den Garten sofort blickdicht ab. Ein weiterer Vorteil der Matten: Sie sind eine preiswerte Lösung.

*Heidematten und Bambus betonen den fernöstlichen Charakter dieses Gartens. Die flexiblen Matten sind an einem kräftigen Holzrahmen befestigt, die Spalten wurden mit Bambusrohr abgedeckt.*

*Kräftige Farben und die sockelartige Abstufung machen aus der einfachen, glatt verputzten Mauer ein auffallendes, aber dennoch schlichtes Gestaltungselement.*

## Stein auf Stein – Mauern aus Stein

Gartenmauern haben nicht nur einen hohen praktischen Wert als Sichtschutz oder Grenzmauer, sie sind vor allem auch ein wichtiges gliederndes und ästhetisches Element im Garten. Eine Mauer strahlt Ruhe aus, bildet den passenden Hintergrund für die Gartenbepflanzung und schützt zugleich vor Lärm und Blicken. Mit der Wahl des Mauertyps lässt sich der Stil des Gartens deutlich stärker akzentuieren, als das mit den anderen Materialien, die in diesem Buch vorgestellt werden, möglich ist. Eine Ziegelmauer beispielsweise gibt dem Garten eine vornehme Prägung und wirkt obendrein sehr kraftvoll und dauerhaft. Eine Mauer aus poliertem Beton strahlt Modernität aus, die Natursteinmauer hingegen erzeugt eher eine romantische Wirkung. Der Vielfalt an Variationsmöglichkeiten sind hier letztendlich kaum Grenzen gesetzt.

Eine Gartenmauer ist allerdings in der Regel etwas teurer als alternative Lösungen. Dabei sind nicht nur die reinen Materialkosten zugrunde zu legen, denn in einer Mauer stecken auch eine Menge Arbeit und viel Zeit. Bedenkt man jedoch die lange Lebensdauer, die relativ geringen Unterhaltskosten und den optischen Zugewinn für den Garten, relativieren sich Aufwand und Nutzen wiederum deutlich.

### Neue Räume im Garten

Mauern umschließen und strukturieren den Garten und schaffen verschiedene Gartenräume. Höhere Mauern sind als Sichtschutz oder Einfriedung für großzügig angelegte Gärten gut geeignet. Niedrigere Mauern dienen als dekorative Einfassung, beispielsweise im Vorgarten, zur Trennung von Gartenteilen oder als gemütlicher Sitzplatz. Gleichzeitig fungieren Mauern als Schattenspender und schützen vor zu viel Wind. Mit der richtigen Bepflanzung wirken sie nicht mehr als strenge Trennlinie, sondern lassen die Grenzen im Garten verschwimmen

*Versetzte Ecken und Absätze lockern die massive Mauer gekonnt auf. Durch verschieden helle Farbtöne entsteht ein künstlerischer Effekt.*

und setzen Akzente. Je nach Material, Farbe und Ausführung erhalten Sie ganz unterschiedliche Wirkungen und Effekte. Sie haben die Wahl zwischen Naturstein, gebranntem Stein oder aber Beton.

**Wer es edel möchte, nimmt Naturstein**

Naturstein ist ein sehr edles und teures Material, so dass eine massive Mauer aus diesem Stein das Budget erfahrungsgemäß stark strapaziert. Alternativ lässt sich, um die Kosten niedrig zu halten, eine Mauer aus Betonstein errichten, die anschließend mit dünnen Platten aus Naturstein beklebt wird. Das ist nicht nur deutlich preiswerter, die Mauern wirken bei guter Ausführung wie eine massive Natursteinmauer. Solche Platten sind also eine praktikable und reizvolle Alternative, die auch in südlichen Ländern häufig praktiziert wird. Im Natursteinhandel wird eine umfangreiche Auswahl in allen Größen und Preisen angeboten. Mit Mörtel oder Kitt werden die Platten an der Mauer befestigt und anschließend sauber verfugt. Ebenso lassen sich größere Stücke aus Naturstein an einer Betonsteinwand befestigen, wie es auf Seite 38 zu sehen ist. Da diese Wand nicht verfugt ist, entsteht der Eindruck einer lose gestapelten Bruchsteinmauer.

**Ziegel haben Tradition**

Für Mauern aus gebrannten Ziegeln werden meist Fassadensteine verwendet, da sie weniger hart gebrannt und schöner in der Farbe sind. Naturgemäß sind Ziegel nicht hundertprozentig maßhaltig, weil es durch den Backprozess zu kleinen Abweichungen kommen kann, die jedoch durch die Stärke der Fugen wieder ausgeglichen werden können. Auch bei Ziegeln gibt es eine große Auswahl an Größen und Farben, den besten Überblick dazu kann man sich im Baustoffhandel verschaffen. Wichtig

*Verwischte und blasse Töne geben der verputzten Mauer den leicht antiken Touch mit südländischer Atmosphäre.*

*Optisch wirkt diese Mauer, als ob Natursteine lose übereinander gestapelt wurden. Tatsächlich sind es jedoch Klinker, die mit einem speziellen Mörtel an einer Kalksandsteinmauer befestigt sind.*

ist es, darauf zu achten, dass die Steine für den Außenbereich frostfest sind. Steht die geplante Mauer nahe am Haus, empfiehlt es sich, einen Stein auszuwählen, der mit der Fassade harmoniert.

**Ganz und gar praktisch: Beton und Kalksandstein**

Die vor Ort gegossenen, armierten Betonmauern erhalten durch die rauen Schalungsbretter eine Oberfläche, die die Faserstruktur des Holzes wiedergibt. Betonmauern sind umweltfreundlich, äußerst langlebig und preisgünstig im Unterhalt. Atmosphärisch wirken sie allerdings recht kühl und sachlich; dekorative Holzelemente, Kletterpflanzen oder einige Farbtupfer frischen eine einfache Betonmauer jedoch wirkungsvoll auf.

Hervorragend eignen sich auch frostsichere Betonsteine, sie lassen sich mit ihren standardisierten Abmessungen einfach mauern oder verkleben. Preislich liegen sie zwischen Kalksandstein und Ziegeln. Zusätzlich zu den einfachen Steinen gibt es eine Auswahl an dekorativen Betonstein-Elementen, mit denen sich Mauern optisch aufwerten lassen, zum Beispiel durch Lochsteine (Patioblöcke), die für transparente Mauern geeignet sind. Betonsteine lassen sich, ebenso wie Beton, gut verputzen.

Einfacher Kalksandstein wird üblicherweise für Innenwände oder Fundamente verwendet, er ist daher in der Regel nicht frostbeständig. Also sollten Sie bei Verwendung für den Außenbereich auf eine frostsichere Variante zurückgreifen. Wenn das Mauerwerk nicht sichtbar ist, zum Beispiel dann, wenn es später verputzt wird oder als Teichwand im Erdboden verschwindet, empfehlen sich größere Kalksandsteinblöcke, mit denen das Mauern natürlich viel schneller geht. Kalksandstein ist deutlich preiswerter als Ziegel und daher für viele Lösungen ein bestens geeigneter Werkstoff.

*Zementgemische in verschiedenen Brauntönen sind auf künstlerische Art und Weise übereinander auf die Mauer gestrichen. Die Mauer ist auf der Oberseite mit Natursteinplatten abgedeckt.*

*Durch ein Bullauge in der Mauer entstehen interessante Durchblicke. Diese Wand ist aus grobem Naturstein gemauert, die Einfassung ist mit Backsteinen abgesetzt.*

**Viel Erfolg beim Mauerbau**

Mauern sollten immer auf einem festen, tragfähigen Untergrund errichtet werden. Ein weicher Grund erfordert zusätzliche Stützpfähle im Boden, die naturgemäß den Kostenrahmen deutlich erhöhen. Die einfachsten Mauern werden aus frostbeständigen Backsteinen gebaut, eine Halbsteinmauer, wie sie auf Seite 42 abgebildet ist, ist die günstigste Variante. Die Ziegel werden dazu im Läuferverband übereinander gemauert. Die Tiefe der Mauer entspricht dabei der Breite der schmalen Ziegelseite. Da eine solche Mauer ab einer gewissen Höhe, etwa 150 cm, nicht mehr stabil genug ist, besteht die Gefahr, dass sie durch starken Wind oder durch Druck umfällt. Stützen, die alle paar Meter angebracht werden, machen die Halbsteinmauer stabiler (Foto Seite 43). Bei massiven Steinmauern werden die Ziegel – sogenannter Holländischer Verband – abwechselnd mit der schmalen und der breiten Seite nach vorne gesetzt, wie auf Seite 41 zu sehen ist. Diese Mauer ist so tief wie die lange Seite der Ziegel und daher deutlich stabiler.

Schöne Ideen, Mauerflächen zu strukturieren, sind gliedernde Elemente wie Vorsprünge oder Nischen. Auch durch den Wechsel zwischen offenen und geschlossenen Teilflächen (Seite 40) lässt sich eine Mauer effektvoll auflockern und ermöglicht interessante Durchblicke. Hier noch einige Tipps für den Mauerbau: Die untere Lage kann – da man sie nicht sieht – aus preiswerteren Steinen oder aber aus Bruch bestehen. Um das Gewicht der Mauer optimal auf dem Boden zu verteilen, sollte die Basis ein wenig breiter angelegt werden. Damit Frostschäden vermieden werden, muss das Fundament bis in frostfreie Tiefe reichen, also mindestens 80 cm tief. Als Abdeckung können quer angeordnete Steine oder beispielsweise Natursteinplatten aufgelegt werden – hier haben Sie die Wahl zwischen funktionellen und dekorativen Lösungen. In regenreichen Regionen empfiehlt es sich, eine Mauer so abzudecken, dass das Wasser gut ablaufen kann – dies ist vor allem bei verputzten Mauern angebracht – es sei denn, eine gewisse Patina ist erwünscht.

*Die Backsteinmauer ist kunstvoll mit einem angedeuteten Torbogen verziert und bildet einen aparten Hintergrund für die Bepflanzung.*

*Eine Halbsteinmauer aus anthrazitfarbenen, gebrannten Steinen begrenzt diesen Patiogarten. Der rankende Weinstock bricht strenge Strukturen auf.*

**Ganz schön aufgeputzt!**

Putz bietet durch die Vielfalt der Strukturen und der möglichen Farben eine zusätzliche Gestaltungsmöglichkeit für Trenn- und Sichtschutzwände. So lässt sich eine Wand durchgängig glatt verputzen und mit etwas Farbe gestalten, wie die Bilder auf Seite 34 und 43 zeigen. Durch den gleichmäßigen Putz wirken Mauern sehr flächig. Oder aber Sie rauen die Zementschicht vor der Trocknung mit einer groben Bürste auf, um somit eine gröbere, rustikal wirkende Struktur im Putz zu erzielen. Je gröber der Sand im Zementgemisch, desto gröber ist anschließend auch die Struktur an Ihrer Wand. Putz trocknet üblicherweise hellgrau ab und kann im Anschluss an die Trocknung mit einer Fassadenfarbe einfach überstrichen werden. Eine kleine Auswahl von Möglichkeiten, Farbe ins Spiel zu bringen, möchten wir Ihnen hier vorstellen. Die auffällige Farbkomposition von Rot und Violett im Garten auf Seite 34 erzeugt im Zusammenspiel mit der Bepflanzung eine mediterrane Atmosphäre. Das Foto auf Seite 43 zeigt eine schlichte, weiß gestrichene Mauer, die allerdings durch konstruktive Elemente optisch aufgelockert wird und zusätzlich mit dunklen Steinbildern künstlerisch gestaltet ist. Die Farbe Weiß bietet hierbei nicht nur einen prächtigen Hintergrund für die strukturreiche Rabatte, sondern lässt den Garten auch insgesamt heller und größer erscheinen. Weiß ist auch die ideale Farbe für dunkle Innenhöfe, die dadurch direkt heller und freundlicher wirken. Einen Wischeffekt, wie er auf Seite 37 zu sehen ist, erhält man, indem man die Mauer zuerst mit Weiß grundiert und anschließend eine dünne, unregelmäßige Schicht einer anderen Farbe aufgeträgt. Durch die Mischung von zwei oder drei Farbtönen aus einer Farbfamilie bekommt die Mauer optisch eine schöne Patina, wie auf Seite 36 zu sehen ist. Wer sich den Anstrich sparen will, kann von vornherein ein spezielles Farbpulver in den Putz einrühren, so dass dieser bereits durchgefärbt ist, bevor er aufgetragen wird. Ein ungleichmäßig durchgefärbter Putz ergibt einen effektvollen Putz, so zeigt sich die Mauer auf Seite 39 in verschiedenen Brauntönen. Auf Seite 28 erfahren Sie mehr über die Herstellung der Zementgemische.

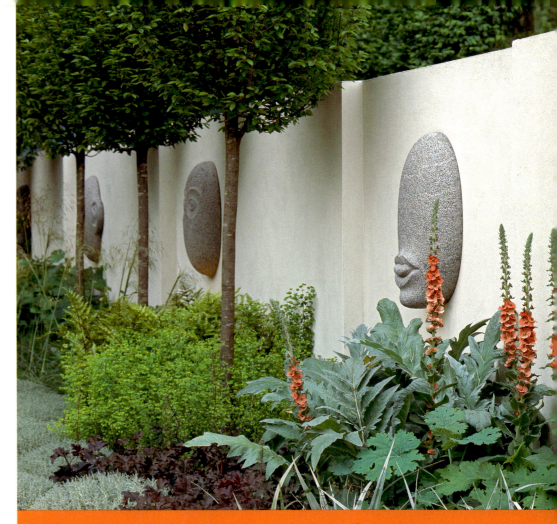

*Die glatt verputzte und weiß gestrichene Mauer ist mit Kunstwerken aus Stein verziert. Strebepfeiler steifen die Wand zusätzlich aus.*

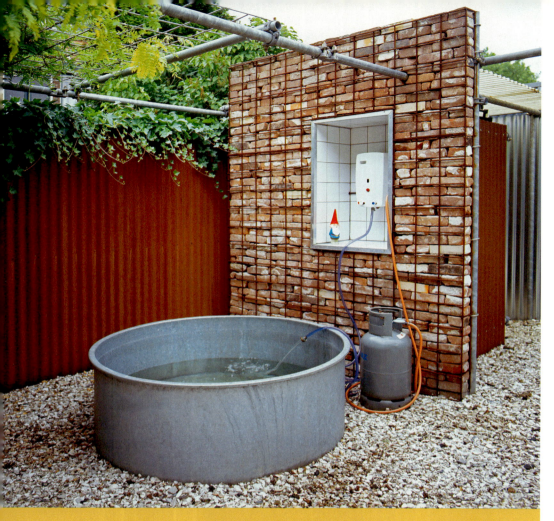

*Die dekorative Gabione mit dem rostigen Betongitter und den gestapelten Backsteinen ist zugleich Trennwand und Stützwand für die Pergola. Eine ehemalige Viehtränke wird als Außenbad verwendet.*

**Steine hinter Gittern**

Gabionen, auch Steinkörbe genannt, sind schnell und einfach herzustellen, daher sind sie ideal als Sichtschutz geeignet – und sehen auch noch gut aus. Diese gestapelten Mauern bieten zudem einen hervorragenden Lärmschutz: je dicker die Wand, desto besser der Lärmschutz. Auch gemauerte Wände und solche aus Beton sind als Lärmschutz geeignet, aber dafür deutlich schwieriger in der Herstellung. Gabionen bieten zudem den Vorteil, dass die Wand jederzeit ohne großen Aufwand abgebrochen werden kann. Die Steine lassen sich ohne Probleme an anderer Stelle wieder verwenden. Die Steinkörbe sind stabil, pflegeleicht und darum auch als originelle Abtrennung in kleineren Gärten sehr gut einsetzbar. Eine hölzerne Wand nimmt natürlich weniger Platz ein, die Breite einer Gabione variiert aber immerhin zwischen 30 cm und 1 m. Die Höhe lässt sich beliebig wählen, somit sind Gabionen sowohl als Einfriedung als auch als Abtrennung von Gartenräumen einsetzbar.

Zum Bau einer Gabione werden meist Gitter aus galvanisiertem Armierungsstahl von 8 mm Stärke verwendet, aber auch rostendes Material ist geeignet. Sie werden durch kräftige Pfosten gestützt, die mit jeweils 1 m Abstand innerhalb des Gitters gesetzt werden, so dass sie nach dem Befüllen einfach nicht mehr sichtbar sind. Für eine hohe, stabile und lange haltende Konstruktion empfehlen wir 3 m lange Pfähle aus Beton (10 x 10 cm). Daran wird anschließend das Gitter (eventuell in kleineren Stücken) mit Draht befestigt, es erhält somit seine Stabilität. Die Steine – hier lassen sich unregelmäßig geformte Kieselsteine, grob gebrochene Blöcke Naturstein oder eventuell (gebrauchte) Ziegel verwenden – können nun von oben in das Drahtgitter eingebracht werden. Die Stärke der Gabione hängt von der Füllung ab: Für eine Wand aus großen Natursteinen sind 60 oder 100 cm Breite erforderlich, eine Gabione aus Ziegeln benötigt etwa 30 cm. Noch ein Tipp: Entscheiden Sie sich für poröse Steine, umso leichter können sich Mauerpflanzen ansiedeln und die Gabione zum dekorativen Element in Ihrem Garten machen.

*Ein auffallender Materialmix verbirgt sich hinter dem Gitter dieser Gabione: Grob gebrochene Kalksandsteinstücke, rot gestrichene hölzerne Paneele und Mattglas finden hier Verwendung.*

## Neue Farben braucht die Wand

Ein wesentlicher und bestimmender Faktor für die Wirkung einer Wand ist nicht allein das Material, sondern in erster Linie die Farbe. Farbe ist überall, sie hat großen Einfluss auf unsere Emotionen, sie bestimmt die Atmosphäre eines Gartens und gibt etwas über die Persönlichkeit seines Besitzers wieder. Unsere Augen registrieren zuerst die Farbe, dann die Form. Sie sollten daher dem Farbkonzept in Ihrem Garten einen hohen Stellenwert beimessen.

Da nicht jeder Mensch ein natürliches Farbgefühl besitzt, können ein paar Informationen zur Farbtheorie bei der Gestaltung des Gartens sehr hilfreich sein. Also – machen wir an dieser Stelle einen kurzen Exkurs: Die Grundlage der Farbtheorie ist der Farbkreis. Der einfache Farbkreis ist aus den Farben Rot, Gelb und Blau aufgebaut, den sogenannten Primärfarben, die nicht durch Mischen aus anderen Tönen hergestellt werden können. Primärfarben sind sehr kräftig, sorgen für starken Kontrast und sind daher für große Flächen wie Wände weniger geeignet. Zwischen den Primärfarben liegen auf dem Farbkreis die Sekundärfarben Orange (Rot mit Gelb), Grün (Blau mit Gelb) und Violett (Rot mit Blau), deren Anordnung mit einem Regenbogen vergleichbar ist. Durch das Mischen von Sekundärfarben entstehen Töne wie Blaugrün oder Rotviolett. Sie sind weniger auffällig und darum gut für einen Zaun oder eine Mauer verwendbar.

Da sich Farbtöne untereinander stark beeinflussen, sind Farbkombinationen entscheidend. Es gibt zwei Farbschemen: harmonisierend und kontrastierend. Harmonierende Farben sind miteinander verwandt, sie stehen im Farbkreis dicht beieinander (z. B. Gelb und Orange). Kontrastierende Farben stehen im Farbkreis weit voneinander entfernt (wie Gelb und Violett), sie erzeugen Spannung. Farben werden zusätzlich auch in warme und kalte Töne unterteilt. Warme Töne beginnen bei Gelb und enden mit Violett, kalte Farben beginnen bei Violett und enden bei

*Die halbgeöffnete Wand ist mit einem orange-geflammten Anstrich versehen. Dem Orange ist ein wenig Grau beigemischt worden, so dass es weniger grell ist. Die Bepflanzung kann sich vor diesem Hintergrund besonders ansprechend in Szene setzen.*

*Blau glasierte Kacheln zieren die Mauer dieses Hauses. Blau ist eine beruhigende Farbe, die den Garten größer wirken lässt.*

*Das rechte Bild zeigt ein ungewöhnliches und gelungenes Zusammenspiel aus Material, Struktur und Farbe. Das Wasser stellt ein zusätzliches, spannungsreiches Element dar.*

Grün. Warme Töne sind ausdrucksvoll, hell und auffallend, wie die terrakottafarbene Wand auf Seite 47 zeigt. Kalte Farben sind hingegen viel zurückhaltender, wie der blaue Ziegel auf Seite 48 deutlich werden lässt. Helle Töne wie Hellblau fallen weniger auf als volle, dunkle Töne wie Rotorange.

**Farbe bekennen**

In diesem Zusammenhang stellt sich nun die Frage: Welche Töne und Farbkombinationen sind für die Gartengestaltung geeignet und wie wirken sie? Betrachten wir zunächst einmal die Einsatzmöglichkeiten für einzelne Farben. Weiß, Grau und Schwarz sind eigentlich keine echten Farben im Sinne von bunten Farben, sie werden daher auch als unbunte Farben bezeichnet. Im Garten sind sie jedoch wegen ihrer Neutralität und den vielfältigen Kombinationsmöglichkeiten mit anderen Farben gut einsetzbar. Ein Weißton wirkt frisch und hellt dunklere Gartenbereiche auf. Grau und Schwarz bleiben unaufdringlich im Hintergrund und passen deshalb gut in einen modern gestalteten Garten. Gelb ist eine warme und auffallende Farbe, die besonders hell neben dunklen Tönen erscheint, z.B. vor einer dunkelgrünen *Taxus*-Hecke oder einer Mauer aus dunklen Backsteinen. Hellgelb ist schwer zu kombinieren, dafür aber für einzelne Akzente geeignet. Alternativ zu Hellgelb fügen sich ein sanftes Gelb oder ein Braungelb meist besser in einen Garten ein. Orange ist eine warme, fröhliche Farbe und sehr dominant. Mit ein wenig Grau sorgt sie für braune und kupferartige Töne, die weniger auffallend sind, wie auf Seite 47 zu sehen ist. Mit einem neutralen Grauton gemischt wirkt das warme Orange besonders ausdrucksvoll. Rot ist der wärmste, kraftvollste und überschwänglichste Farbton, der im Garten zusätzlich durch das komplementäre Grün in seiner Wirkung verstärkt wird. Rot wird selten für harte Materialien verwendet, in einem modernen Garten harmoniert es jedoch gut mit Schwarz, Grau und Weiß (Seite 15). Eher neutrale Rottöne sind Bordeauxrot und Braunrot.

Rotviolett, auch Rosa genannt, ist zum Kombinieren sehr gut geeignet, lediglich zu Orange und reinem Rot passt es nicht. Grell-Rotviolett ist auffällig und fröhlich, die hellen Töne haben etwas Liebliches, Romantisches. Daher ist Hellrosa die Farbe schlechthin für einen romantischen Garten, ergänzt durch Grellrosa als akzentuierenden Farbklecks. Tiefviolett, eine kräftige Mischung aus Rot und Blau, ist ein warmer, üppiger Ton: aufregend wie ein lebendiges Rot und zugleich geheimnisvoll wie ein tiefes Blau. Am ehesten kommt Tiefviolett neben helleren Tönen zur Geltung, vor allem Hellgelb und Grüngelb passen ausgezeichnet dazu. Violett, eine ruhige, kühle und ziemlich dunkle Farbe, lässt sich harmonisch mit vielen anderen Farbtönen kombinieren. Am schönsten wirkt es mit dem komplementären Grüngelb. Auch im Schatten und in der Dämmerung am Ende des Tages kommt Violett noch gut zur Geltung, hier wirken besonders die helleren Nuancen. Blau ist die am kältesten wirkende Farbe, es ist eine ruhige, „weichende" Farbe, die den Garten großzügiger aussehen lässt. Blau kann in allen Schattierungen sehr gut für harte Materialien verwendet werden. Damit das Ganze jedoch nicht zu dunkel wirkt, ist es ratsam, andere Farben, wie einen hellen Lila- oder Gelbton, zu kombinieren. Dunkelblau wird als ziemlich neutral empfunden, Leuchtendblau setzt dagegen deutliche Akzente, Hellblau wirkt vor allem im Schatten frisch und leicht, im grellen Sonnenlicht hingegen sieht es schnell fahl aus. Soweit unser kurzer Einblick in das Thema Farben und ihre Wirkung. Es ist in jedem Fall lohnenswert, sich im Rahmen der Planung Ihres Sichtschutzes mit dem Thema Farbe auseinanderzusetzen.

Die gängigste Art, Farbe aufzubringen, ist ein Anstrich oder eine Beize. Durch das Untermischen von Farbpulvern in den Putz können Sie die Wand direkt mit dem durchgefärbten Gemisch verputzen (Seite 43). Eine einfache, neutrale Wand, z. B. aus Beton, wirkt bekanntermaßen eher nüchtern, durch die Verkleidung mit farbigen Materialien kann man ihr zahlreiche neue Ausdrucksformen verpassen. Kacheln sind hierfür besonders gut geeignet, wie auf Seite 48 zu sehen ist. Wählen Sie aber unbedingt frostbeständige Kacheln, um Probleme im Winter zu vermeiden.

*Die violette Wand bildet einen aufregenden Kontrast zu den Rot- und Grüntönen der Rabatte.*

*Gartenarchitekten haben Wellblechplatten in Gärten salonfähig gemacht. Eine verzinkte Wellblechwand schließt diesen Garten an der Rückseite.*

## Metall einmal anders – Trennwände aus Metall

Moderne Werkstoffe wie Zink, Edelstahl, Corten-Stahl oder auch Blei finden immer häufiger Verwendung für Sichtschutzwände und Pergolen, sie sind aus der Gartenarchitektur nicht mehr wegzudenken. Zink, anfangs noch glänzend, erhält nach kurzer Zeit bereits eine attraktive, mattgraue Patina. Rostfreier Stahl mit seinem edlen, mattgrauen Look ist zwar recht kostspielig, aber dafür auch sehr langlebig. Corten-Stahl ist durch eine orangebraune Rostschicht gekennzeichnet, die jedoch das Metall nicht weiter korrodieren lässt. Er gilt daher ebenfalls als sehr langlebiges Material. Blei ist ein ziemlich weicher Werkstoff, der sich gut biegen lässt, es eignet sich z.B. zur Verkleidung niedriger Mauern. Es ist matt und dunkelgrau und passt am ehesten auch in einen romantischen Garten. Metall ist in den unterschiedlichsten Verarbeitungsformen einsetzbar: als durchgängige oder perforierte Platte, als Spalierschirm, als Wellblech, als Drahtgeflecht, als lose platzierte Paneele, in Streifen oder z.B. als Zierband entlang eines hölzernen Zauns (Seite 14). Einige gelungene Beispiele zum Thema Sichtschutz aus Metall möchten wir Ihnen zeigen.

Einzelne Metallpaneele können wie ein Louvre-Schirm lamellenartig in einer Reihe aufgestellt werden, zu sehen auf den Seiten 54 und 55. Es gibt wahlweise auch Fertiglamellensysteme aus Aluminium. Die Paneele auf Seite 54 sind aus rostfreiem Stahl und werden durch dünne Metallständer gehalten. Im Bild auf Seite 55 sind perforierte, verzinkte Platten aufgestellt, die Einblicke ganz bewusst nur teilweise verhindern sollen. Metallplatten eignen sich auch hervorragend als Hintergrund für transparente Schirme aus anderen Materialien, wie etwa hölzerne Spaliere. Wellblechplatten sind aus der jungen, modernen Gartenarchitektur gar nicht mehr wegzudenken. Der Garten auf Seite 58 ist sowohl mit rostigen als auch mit verzinkten Wellblechelementen eingefriedet. Auch für Farbliebhaber ist Metall einsetzbar: Alle Metallplatten lassen sich durch Pulverbeschichtung farbig gestalten. Wem eine massive Trennwand aus Metall im Garten zu wuchtig und kostspielig ist, findet hier einige dauerhafte Alternativen. Denn auch Metall- oder Drahtgitter bieten

*Eine Wand aus Corten-Stahl: Platten sind in Standardabmessungen im Baumarkt erhältlich. Die Stützen stehen auf der Rückseite, die Nähte sind mit schmalen, schwarz gestrichenen Latten abgedeckt.*

einfache, schnelle und preisgünstige Lösungen für Sichtschutzwände, die mit Hilfe von Kletterpflanzen sogar absolut blickdicht gestaltet werden können. Gitter- oder Maschendraht von der Rolle oder wahlweise auch als Paneele erhält man in großer Auswahl im Baumarkt oder Baustoffhandel. Hier stellen wir Ihnen drei Varianten vor, die zum Bau von Sichtschutzmaßnahmen geeignet sind: 1. Betongitterdraht oder Baustahlmatten – verzinkt oder auch unverzinkt – werden normalerweise bei der Herstellung von Betonböden oder anderer Konstruktionen als Armierung verwendet. Sie können aber ohne weiteres als Trennwand im Garten entfremdet werden. 2. Gittermattenzäune, bestehend aus verzinktem, plastikummanteltem Stahl. 3. Biegsamer Draht von der Rolle. Er sollte allerdings immer straff gespannt werden, so dass er keine Wellen wirft. Alle drei Varianten lassen sich ganz einfach mit entsprechenden Kletterern begrünen.

Hier noch ein paar gestalterische Tipps für Ihren Sichtschutz aus Metall: Für den Gesamteindruck der Sichtschutzwand ist es wichtig, dass die verwendeten Stützen auch zum Metall der Wand oder des Zaunes passen. Sehr gut eignen sich hierfür naturgemäß Metallständer. Denn eine rostige Metallwand mit hölzernen Pfählen wirkt optisch nicht sehr gelungen. Die Fugen zwischen den Metallplatten können hingegen sehr gut mit schmalen Holzlatten abgedeckt werden, wie auf Seite 53 zu sehen ist. Grundsätzlich gilt: Holzpfähle sollten entweder hinter der Wand verschwinden oder aber mit Metallplatten abgedeckt werden.

*Rostfreie Stahlplatten sind lamellenartig in den Boden gesetzt, an der Rückseite werden sie durch Metallständer gestützt.*

*Ein speziell für diesen Garten entworfener "Louvre-Schirm" aus perforierten Metallplatten. Die leichte Transparenz dieses Sichtschutzes ist gewünscht.*

*Eine sehr originelle Idee: Die Wand aus Glasplatten umschließt einfache Strohballen. Diese können wahlweise auch durch Holzblöcke oder Bambusstämme ersetzt werden.*

## Glasklare Strukturen – Trennwände aus Glas

Glas ist ein noch verhältnismäßig junges und neues Material für den Garten, es wurde in der Vergangenheit maximal als Windschutz für die Terrasse oder bei Wintergärten eingesetzt. Seine Neutralität und Durchlässigkeit fügt sich jedoch ausgezeichnet in moderne Gartenkonzepte ein. Das Foto links zeigt hierzu eine originelle Idee: eine Wand aus Strohballen, die von kräftigen, transparenten Glasplatten gehalten werden. Anstelle von Strohballen können hier natürlich auch andere Materialien zum Einsatz kommen. Wer es schlichter mag, verwendet einfache Paneele aus gesandstrahlten Glasplatten, wie sie in dem Garten rechts zu sehen sind. Zwischen Aluminiumständer montiert, schützen die Glaspaneele dort die Terrasse vor fremden Einblicken. Durch den transparenten Streifen im Glas bleibt der schöne Ausblick in den Garten dennoch erhalten. Als weitere Baustoffe können Glasbausteine oder gläserne Blöcke eingesetzt werden. Sie sind in durchsichtiger Form, matt oder komplett undurchsichtig sowie in diversen Farben erhältlich. Ein Sichtschutz aus buntem Bleiglas gehört sicherlich eher zu den auffälligen Elementen im Garten. Ein weiteres, besonders raffiniertes – aber auch teures – Glaspaneel ist aus drei Lagen aufgebaut, wobei die mittlere Lage aus besonderen Kristallen besteht. Sobald hier Strom durchgeleitet wird, wird das Paneel intransparent. Diese „Technik" bietet sicherlich die ideale Mischung aus Transparenz und Offenheit sowie ausreichendem Schutz der Privatsphäre. Sicherheitshalber sollten Sie im Garten gehärtetes Glas oder Drahtglas einsetzen (Foto Seite 61). Für alle Glaselemente gilt: Beraten Sie sich mit einem Fachmann, denn Sicherheit sollte höchste Priorität haben. Anstelle von Glas können auch Perspex und Polycarbonat verwendet werden.

*Gesandstrahlte Glaspaneele schirmen die Terrasse gegen unerwünschte Einblicke ab, durch den Streifen aus Normalglas wird der Ausblick in den Garten auf Augenhöhe freigegeben.*

*Der kleine Stadtgarten macht auf besonders gelungene Weise deutlich, wie gut sich Materialien thematisch kombinieren lassen. Wellblech, Bauholz und gebrauchte Backsteine vermitteln einen Hauch von Industrieromantik.*

## Die Mischung macht's – Materialmix

In den vorangegangenen Kapiteln haben wir Ihnen Ideen für Sichtschutz- und Trennwände aus jeweils einem einzigen Material vorgestellt. In diesem Kapitel möchten wir nun zeigen, welche interessanten und überraschenden Effekte durch das Kombinieren verschiedener Materialien erzielt werden können.

In dem modern angelegten, kleinen Stadtgarten, der links abgebildet ist, sind Metall und Steine die absoluten Hauptakteure. Der Entwurf lehnt sich konzeptionell an Industriekultur und den Recycling-Gedanken an, jedes einzelne Element ist dabei liebevoll ausgesucht und komponiert. An Stelle von teuren Natursteinen wurden beispielsweise gebrauchte Backsteine verwendet, um eine Art „Second-Hand"-Schuttmauer zu errichten. Die Backsteine wurden einfach gestapelt und durch eine Konstruktion aus Baustahlmatten, im Stil einer Gabione, zusammengehalten. Die Pergola wiederum ist aus einfachen Gerüstbaumaterialien errichtet. An der rechten Seite wird der Garten von galvanisierten Wellblechplatten begrenzt. Aus dem gleichen Material ist auch eine Art Gartenhaus gebaut, dessen Dach aus lichtdurchlässigen Kunststoffplatten besteht. Dieses Gartenkonzept, klar in seiner Struktur und Aussage, bietet seinen Nutzern trotz des städtischen Umfeldes jederzeit eine angenehme Rückzugsmöglichkeit und garantierte Privatsphäre.

In dem Garten rechts im Bild sind Wände aus verschiedenen Materialien das dominante Gestaltungselement. Im Anschluss an das höher gesetzte Wasserbassin steht eine massive Mauer aus gebrochenem Kalksandstein. Diese Wand stößt an einen speziell für diesen Garten entworfenen, transparenten Raumteiler, der aus aufeinander geklebten Glasstreifen besteht. Die feinen Streifen dieses „Glasvorhangs" vermitteln einem das luftige Flair eines Beduinenzeltes. Nicht umsonst ist der Entwurf eines bekannten englischen Gartenarchitekten durch eine Wüstenoase inspiriert.

*Der auffallende Entwurf des bekannten englischen Gartenarchitekten Christopher Bradley-Hole trägt den Namen „Garten aus der Wüste". Wände aus grob gebrochenem Kalkstein und Glas dominieren das Gartenkonzept.*

*Metallroste integriert in eine hölzerne Wand rahmen den Blick auf die umliegende Landschaft ein – wie in einem Gemälde.*

In dem links abgebildeten Garten sind überwiegend handelsübliche Baumaterialien verwendet worden. Er ist ein gelungenes Beispiel dafür, dass sich auch mit einfachsten und preiswerten Materialien ein reizvolles und vor allem individuelles Gartenambiente schaffen lässt. Auf die waagerecht beplankte, schwarz gebeizte Holzwand ist links ein schlichtes, blankes Tränenblech (Riffelblech) als dekoratives Element angebracht worden, das in Werkstätten häufig als Fußbodenbelag Verwendung findet. Die breiten Fugen zwischen den Holzplanken lassen die Wand trotz der dunklen Farbe recht freundlich wirken. Wären sie geschlossen, würde der Zaun viel dominanter wirken. Um die Aussicht auf die schöne Landschaft auch trotz des Zaunes genießen zu können, ist ein Teil der Holzwand ausgespart und durch Gitterroste ersetzt worden, da Einblicke von dieser Seite sowieso nicht zu erwarten sind. Diese stabilen Roste werden häufig für Treppen verwendet, z. B. in Fabriken. Die Brücke über den Gartenteich besteht übrigens aus dem gleichen Material, so dass das Wasser durch den Rost hindurch sichtbar bleibt. Einen Kontrast zu dem eher kühlen Materialmix bildet das strukturreiche Blattwerk der Bepflanzung mit ihren hellen und dunklen Grüntönen.

Die Zufahrt des Gartens, der rechts zu sehen ist, wird durch eine Abtrennung begrenzt, bei der sich schwarz gebeizte, dünne Holzpfähle mit Drahtgitter und Paneelen aus Drahtglas abwechseln. Das Drahtglas hat einen grünen Farbton und ist nur wenig durchsichtig, so harmoniert es ausgesprochen gut mit den schwarz gebeizten Holzpfählen. Das Drahtgitter dient als Rankhilfe für Kletterpflanzen, die in absehbarer Zeit die Wand blickdicht machen. Zwar werden auch die Materialien des Zaunes irgendwann in naher Zukunft unter dem Bewuchs verschwinden, aber bis dahin können die Nutzer immerhin die schöne Konstruktion genießen.

*Eine dekorative Wand aus schwarz gebeizten, hölzernen Ständern, galvanisiertem Drahtgitter und grün getöntem Drahtglas begrenzt den Aufgang zu diesem Vorgarten.*

Der mittelgroße Garten auf dem Foto rechts ist an der Seite durch eine dunkle Holzwand begrenzt, hinter der sich ein kleiner Abstellraum befindet. Die Latten der Trennwand halten durch Feder und Nut, daher sind keine Spalten sichtbar. Eine vorgehängte Edelstahlplatte verdeckt den Zugang zum Abstellraum und gibt dem Ensemble zusammen mit der schwarzen Lattung einen richtig modernen Touch. Um das Ganze etwas weniger sichtbar und dominant werden zu lassen, wurden zwei rosa blühende Baummalven *(Lavatera arborea)* in Kübeln als Blickfang davor gestellt. Dieses Beispiel zeigt wieder einmal, dass es mit Hilfe von wenig aufwändigen Maßnahmen gelingen kann, Dinge, die nicht auf den ersten Blick wahrgenommen werden sollen, zu verbergen und dennoch ansprechend zu gestalten.

Spannungsreich ist auch eine Mischung aus festen Materialien mit Pflanzen. In dem Garten links steht eine sehr ausgefallene Wand aus Corten-Stahl. Die Platten sind in Form eines Halbkreises aufgestellt, dabei sind sie mit der schmalen Kante nach vorn angeordnet, so dass für das Auge eine Art Fächer entsteht. Die Platten sind mit Stahlnägeln im Boden verankert und an der Oberseite durch eine Stange aus rostigem Stahl miteinander verbunden, so erhalten sie die nötige Stabilität. In den Zwischenräumen wechseln sich Buchen *(Fagus sylvatica)* und Weidenblättrige Birnen *(Pyrus salicifolia)* ab. Die Sträucher werden auf Heckenhöhe geschnitten und mit der Zeit wird eine flache Wand aus grünen und graugrünen „Streifen" entstehen. Im Winter harmonieren die braun gewordenen Buchenblätter mit dem Corten-Stahl und die Weiden zeigen ihre bizarren Zweige. Als Farbklecks steht im Vordergrund üppig blühender Steppensalbei *(Salvia nemorosa)* in zwei Violett-Tönen.

*Zwischen Platten aus rostbraunem Corten-Stahl sind Buchen und Weidenblättrige Birnen gepflanzt, die mit der Zeit eine natürliche Trennung bilden.*

*Eine hölzerne Wand aus schwarz gebeizten Latten mit Nut und Feder, hinter der Tür aus Edelstahl verbirgt sich eine kleine Abstellkammer für Gartengeräte.*

*Die Pergola aus hölzernem Spalier fügt sich schön in die umgebende Landschaft. Die graublaue Konstruktion gibt einer weiß blühenden Wisteria (Blauregen) Halt.*

## Leicht und luftig – Pergolen, Spaliere, Lauben

Ganz gleich, ob als Schutz über der Terrasse oder aber entlang eines Gartenwegs, Pergolen bilden Einfriedungen, gewähren Ausblicke und dienen Kletterpflanzen als stützende Rankhilfe. Ein lauschiger Sitzplatz im Garten gewinnt einfach zusätzlich an Intimität, wenn ein „Dach" darüber ist.

Klassische Konstruktionen aus Ständern und Trägern, an denen Kletterpflanzen ranken können, stammen ursprünglich aus dem sonnigen Süden. Die Blätter von Kletterpflanzen – vor allem Wein – sorgen dort für angenehmen und kühlen Schatten. Die Pergola wird üblicherweise an der Südseite des Hauses platziert, um somit Terrasse und Wohnung schattig und kühl zu halten. Aber auch in unseren Breiten ist sie inzwischen sehr populär geworden. Ihre lockere Konstruktion sorgt für Gemütlichkeit. Die offene Terrasse wird dank einer Pergola zum geschützten Sitzplatz. Daneben können mit einer Pergola auch attraktive Ausblicke betont werden, wie es auf dem Foto Seite 64 gut zu sehen ist. Ständer und Träger rahmen hier die Landschaft ein wie ein Gemälde.

### Sichtachsen beachten

Prüfen Sie vor dem Aufbau einer Pergola zunächst, von welcher Seite Einblicke zu erwarten sind. Wenn Sie Pfosten und Träger genau in diesen Sichtachsen anordnen, wird der Einblick trotz des offenen Charakters der Pergola erschwert. Bewuchs kann im Sommer vor Einblicken von oben schützen.

Der Abstand zwischen den Pfosten beträgt im Allgemeinen 2,5 bis 3 m; wenn die Konstruktion es zulässt, ist auch ein größerer Abstand möglich. Die Höhe liegt im Regelfall ebenfalls bei 2,5 bis 3 m.

*Ständer aus Stein und Träger aus Holz. Die klassische Pergola überdacht den breiten Weg und lässt ihn zu einem Wandelpfad werden. Diverse Kletterpflanzen nutzen sie als Rankhilfe.*

Eine Pergola kann sehr offen gestaltet sein, lediglich durch einige Kletterpflanzen geschmückt. Der Sitzplatz darunter bleibt dann naturgemäß recht hell. Eine vollständig bewachsene Pergola bietet viel Schatten, schluckt aber auch einiges Licht. Um den leichten und luftigen Charakter einer Pergola zu bewahren, ist rechtzeitiges und regelmäßiges Schneiden des Bewuchses empfehlenswert.

Durch eine Pergola oder ein Kletterelement lässt sich ein Garten auch in der Höhe sinnvoll nutzen, denn die Ständer und Träger bieten eine optimale Rankhilfe für die verschiedensten dekorativen Kletterpflanzen, die an anderer Stelle aus Platzgründen vielleicht eingespart worden wären. Sehr gut geeignete Kletterpflanzen sind der Blauregen *(Wisteria)*, Wein und Kletterrosen, aber auch Waldreben und Prunkwinden. Weitere Tipps zu Kletterpflanzen finden Sie ab Seite 130.

**Wenn Gartenräume entstehen**

Pergolen eignen sich außerdem sehr gut als Raumteiler im Garten. Durch ihre halboffene, leichte Bauweise wirken sie viel weniger kompakt als andere Raumteiler und sind daher speziell für kleine Gärten eine praktikable Idee. Der Garten erscheint größer als bei anderen Lösungen, weil die meist begrünte Pergola als ein Bestandteil von ihm wahrgenommen wird. Eine Pergola kann aus einer einzelnen Ständerreihe bestehen, beispielsweise entlang einer Terrasse, sie wird dann an der Hausfassade gestützt. Oder sie besteht aus einer doppelten Ständerreihe, die an der Oberseite mit Querträgern verbunden wird. Ist der Abstand zwischen den Ständern breit genug, entsteht unter der Pergola ein einladender, schattiger Wandelgang, wie auf Seite 66 zu sehen ist. Eine andere hübsche Idee ist die Überdachung eines Gartenwegs mit einer schmalen Pergola, wie auf Seite 69 gezeigt. Die halbrunde Form dieses Wegs wird durch die hölzerne Pergola zusätzlich hervorgehoben.

*Die hölzerne Pergola spendet der kleinen Terrasse Schatten und verhindert durch die Begrünung Einblicke von oben.*

**Holz oder Metall – entscheiden Sie selbst**

Traditionell werden Pergolen aus gemauerten Ständern und hölzernen Trägern errichtet (Seite 66), eine sehr robuste Ausführung, die vor allem für große Gärten geeignet ist. Inzwischen wurden viele Varianten entwickelt, darunter auch gute Lösungen für kleinere Gärten. Die klassische hölzerne Pergola mit ihren auf den Trägern quer angebrachten kurzen Balken ist allerdings aus der Mode. Eine Pergola aus imprägniertem Gartenholz (Weichholz) zu bauen, ist eine zwar preiswerte Lösung, dafür ist dieses Holz allerdings nicht haltbar. Sorgen Sie also in jedem Fall dafür, Weichholzständer in metallene Pfostenträger einzusetzen. Dabei sollte das Holz mindestens 5 cm Abstand zum Boden haben. Besser geeignet ist Kastanienholz, das unbehandelt mindestens 20 Jahre hält und zudem eine gute Alternative zu Hartholz ist. Hartholz ist noch beständiger, die Pfosten können direkt in den Boden gesetzt werden. Runde Holzpfähle wirken rustikal, mit rechteckigen kann eine feste Pergola gebaut werden. Auch hölzerne Spaliere sind geeignet, wie auf Seite 64 zu sehen ist.

Metall bietet aufgrund seiner Stabilität die Möglichkeit, eher leichte und luftig wirkende Konstruktion zu entwerfen. Die einzelnen Elemente können mit Bolzen oder Spezialklemmen miteinander verbunden werden. Im Baustoffhandel sind beispielsweise Vierkantrohre aus Stahl nach Maß erhältlich, auch können Sie mit Profilen und Rohren an die Arbeit gehen. Galvanisierte Stahlelemente können mit Bolzen verbunden werden, professioneller ist es jedoch, die Stahlrohre miteinander zu verschweißen. Natürlich lassen sich auch rostfreier Stahl oder Aluminium verwenden oder aber pulverbeschichtete, farbige Metallelemente. Auf Seite 70 sehen Sie eine Pergola, die aus galvanisierten, stählernen L-Profilen errichtet und mit Bolzen verbunden wurde. Die Konstruktion auf Seite 71 besteht ebenfalls aus galvanisierten, geschlossenen Vierkantrohren, die aneinandergeschweißt wurden. Variieren Sie auch einmal mit runden Metallpfosten und flachen Metallstreifen als Trägern. Oder verzieren Sie Ihre Pergola mit individuellen Zierschmiedearbeiten nach eigenen

*Rechts: Diese schmale, hölzerne Pergola folgt der Form eines halbrunden Pfads, die Träger sind in V-Form befestigt.*

*Links: Die raffinierten Ständer sind mit vertikal angebrachten Streben verziert.*

*Links: Eine edle, schlichte Pergola aus galvanisierten Metallträgern überspannt die Terrasse. Das verwendete Material findet sich in den Trittstufen wieder.*

*Rechts: Diese Pergola besteht aus miteinander verschweißten Vierkantrohren.*

Entwürfen, die Sie bei einem Schmied in Auftrag geben können. Auch eine Kombination aus schwarz gebeizten Holzbalken mit einem Rahmen aus galvanisierten Stahlständern sieht gut aus. Seite 72 zeigt ein extravagantes Beispiel für eine „transparente" Pergola. Metallene Vierkantständer bilden das dekorative Gerüst um eine Terrasse. An der Vorderseite ist ein „Vorhang" aus Metallketten angebracht, die am Ende mit einem Stück massivem Metallrohr beschwert sind. Die Ketten haben den Effekt einer Gardine und halten Einblicke zum großen Teil ab.

**Die Konstruktion entscheidet**

Die Konstruktion entscheidet über die Lebensdauer einer Pergola. Wenn Holzelemente eng aneinanderliegen, sammelt sich hier die meiste Feuchtigkeit, wodurch das Holz schneller verrotten kann. Die Holzständer und -träger sollten daher mit einem dicken Nylonring auf Abstand gehalten werden. Auch bei der Pergola ist es ratsam, für die Befestigung rostfreie Schrauben oder Bolzen zu verwenden. Stählerne Pfostenträger oder -füße können bei Holzständern helfen, direkten Bodenkontakt zu vermeiden. Metallfüße werden entweder in ein Betonfundament eingelassen, mit einem langen Pflock in den Boden geschlagen oder auf einen Betonrand geschraubt. Die Pergola kann frei stehen oder an einem Gebäude verankert werden. Sie kann nach oben hin auch breiter gestaltet werden, indem Metallseile zwischen zwei Wände gespannt werden. Die Seile können auf den Stützen ruhen, die an der Pergola befestigt sind. So hat man gleichzeitig eine praktische Rankhilfe für Kletterpflanzen und einen idealen natürlichen Sonnenschutz an der Terrasse.

*Der Rahmen aus Vierkantrohren und der ungewöhnliche Kettenvorhang bilden das Gerüst für einen extravaganten Gartenraum. An der Oberseite kann ein Sonnensegel gespannt werden, um Einblicke von oben zu verhindern.*

### Die abgespeckte Variante – das Kletterelement

Eine einfache Alternative zu einer Pergola ist ein Kletterelement. Das ist ein einzelner Ständer, der als Rankhilfe für eine Kletterpflanze dient. Ein solches Element kann ebenfalls aus Holz oder Metall bestehen. Platzieren Sie beispielsweise eine Reihe von bepflanzten Kletterelementen entlang eines Wegs, um Einblicke zu verhindern, oder setzen Sie ein Element in ein Beet, so dass die Pflanzen daran in die Höhe wachsen können.

### Spalier gestanden

Als Spalier bezeichnet man eine zierliche Konstruktion aus Latten, die als Abtrennung, als Kletterelement oder als Verzierung einer Mauer dienen kann. Diese hölzernen oder metallenen Konstruktionen ermöglichen verschiedene originelle und kreative Sichtschutzlösungen für den Garten. Oder sie haben einfach nur eine rein dekorative Funktion.

Der Einsatz von Spalieren in Gärten hat eine jahrhundertelange Tradition. Die Konstruktion wurde ursprünglich als Stütze für Weinstöcke verwendet, später dann als Verzierung und Abtrennung. Spaliere sind auch heute noch sehr beliebt und finden zahlreiche Einsatzmöglichkeiten in klassischen Gärten oder auch in einfachen Stadtgärten. Hier ein paar Ideen zum Einsatz von Spalieren: Sie können zum Schutz vor Einblicken, als Rankhilfe, als Gartenlaube oder als Verzierung einer kahlen Mauer verwendet werden. Mit Spalieren aus Metall lässt sich auch ein luftiger Gewölbebogen gestalten, wie das Modell auf Seite 76. Eine hohe Spalierwand trennt zwei Gartenteile voneinander, eine niedrige bildet den Hintergrund einer Rabatte und friedet somit zugleich den Garten ein. Vor einer Mauer hat das Spalier vor allem dekorative Funktion, wie auf Seite 77 zu sehen ist. Die Wand auf Seite 74 besteht aus verzinkten Metallplatten, vor denen ein grau gebeiztes

*Diese Wand ist mit galvanisierten Metallplatten verkleidet, davor sind grau gebeizte, hölzerne Spaliere angebracht. Das Ensemble bildet einen besonderen Hintergrund für die Rabatte in graugrünem Farbton.*

hölzernes Spalier steht. Aufgrund ihres geringen Gewichts können Spaliere auch dazu dienen, Mauern oder Zäune zu erhöhen. Dann können Kletterpflanzen daran entlangwachsen und so vor Einblicken schützen. Die offene Struktur des Spaliers bietet ihnen guten Halt. Spalierpaneele sind vorgefertigt erhältlich, meist aus imprägniertem Holz. Es gibt auch Modelle mit Aussparungen und verzierten Ständern. Diese Arten sind eher für romantische Gärten geeignet und müssen sich daher in den Stil des Gartens einfügen. Spaliere aus Bambus passen hingegen ganz ausgezeichnet in Gärten mit fernöstlicher Atmosphäre. Sie sind sehr leicht und problemlos aufzustellen und deswegen beispielsweise auch für den Balkon oder einen Dachgarten geeignet.

**Wirkung erzielen**

Die Wirkung eines Spaliers ergibt sich aus dem Abstand und der Größe der Latten. Je größer der Abstand und je schmaler die Latten, desto luftiger der Effekt. Das Grundmuster besteht aus einfachen Vierecken, also horizontal und vertikal gekreuzten Latten. Wenn die horizontalen Latten vorne angebracht sind, wirkt das Paneel breiter, liegen die vertikalen Latten obenauf, wirkt es schlanker. Es ist auch möglich, die Latten zu flechten oder abwechselnd über- und untereinander anzubringen. Darüber hinaus gibt es Muster, bei denen einzelne Latten dichter beieinander liegen. Rautenförmige Muster, bei denen die Latten diagonal angebracht sind, wirken zierlicher.

Farben heben Spaliere besonders schön hervor. Mit einem neutralen grauen oder dunkelgrünen Ton bleibt es eher unscheinbar. Weiße Spaliere vor einer weißen Mauer wirken sehr zart, aber auch schöne Kontraste mit zwei verschiedenen Farben sind möglich. Ein Spalier aus unbehandeltem Weichholz muss regelmäßig gestrichen werden, Bewuchs kann daher ein Problem sein. Wenn Sie ein Paneel vor eine Mauer setzen, ist es praktisch, wenn es für den Anstrich einfach abge-

*Eine stabile Wand aus hölzernen Balken und Spalierpaneelen. Die graue Farbe harmoniert gut mit den Grüntönen im Garten.*

*Ein Laubenbogen aus Metallspalieren, hier mit dekorativen Kletterpflanzen bewachsen, ist ein schönes Gestaltungselement für einen großen Garten.*

*Im Bild rechts verziert ein weißes Holzspalier eine alte Backsteinmauer.*

hängt werden kann. Verwenden Sie imprägniertes Holz oder Hartholz, wenn Sie einen Anstrich vermeiden wollen. Spaliere aus Metall sollten entweder verzinkt sein oder aber gestrichen werden.

Schlingende Kletterpflanzen haben keinerlei Mühe, an einem Spalier emporzuklettern. Wird dieses mit einem laubabwerfenden Kletterer begrünt, erreicht man im Winter einen transparenten Effekt, im Sommer bleibt der Schutz vor Einblicken hingegen gewährleistet. Waldrebe *(Clematis)*, Kletterrosen, Passionsblume *(Passiflora)*, Hopfen *(Humulus)*, Geißblatt *(Lonicera)* und Weinrebe *(Vitis)* sind geeignete Kletterpflanzen. Spaliere sind nicht sehr stabil, beachten Sie deshalb, dass Würger wie etwa der Blauregen das Gitter nicht zerstören. Insbesondere die einjährigen Kletterpflanzen sind für Spaliere sehr geeignet, so kann es in den Wintermonaten gewartet werden. Reichblühende einjährige Kletterpflanzen sind Platterbse *(Lathyrus)*, Trichterwinde *(Ipomoea)*, Purpurglöckchen *(Rhodochiton)*, Schwarzäugige Susanne *(Thunbergia)* und Große Kapuzinerkresse *(Tropaeolum)*.

**Lauschig und intim: Lauben und Gartenhäuschen**

Anstelle eines Zauns eignen sich als lauschige Rückzugsmöglichkeit auch eine Laube oder ein Gartenhäuschen. Beide Elemente erfüllen gleich zwei praktische Funktionen: Sie verhindern Einblicke und sie schaffen gemütliche Sitzplätze. Ein geschlossenes Gartenhäuschen kann zudem auch als Abstellraum für Gartengeräte, Kübelpflanzen oder die Kissen der Gartenmöbel genutzt werden. Für Kinder bietet es Platz zum Spielen oder zum Verstecken. Als Material für Lauben und Gartenhäuschen eignet sich neben Holz auch Metall. Wie immer definieren Material, Form und Farbe die Wirkung. Wählen Sie daher Elemente aus, die sich gut in den Stil des Gartens einfügen.

*Diese Gartenlaube aus Metallspalieren ist ein dekorativer Hingucker und ein gemütlicher Platz für eine Gartenbank. Der Stil passt gut zu einem romantischen Gartenkonzept.*

Der Begriff Laube geht übrigens auf das althochdeutsche „louba" zurück und bezeichnet ein einfaches, aus frischem Laub angefertigtes Schutzdach. Bereits seit der Antike findet sie – ähnlich der Pergola – ihren Einsatz als sichtgeschützte Rückzugsmöglichkeit. Man denke hier nur an die Liebeslaube, die es den obersten Gesellschaftsschichten erlaubte, einander ungesehen näherzukommen. Auch die traditionellen chinesischen Teehäuschen zählen zu den Laubenbauwerken. Ihren rasanten Aufstieg hat die Laube dann der Entstehung der Kleingartenkultur zu verdanken. Dass sich die gute alte Laube nun aber auch als gekonntes Element im Garten etablieren kann und zudem traumhafte Sitzplätze schafft, zeigen wir Ihnen auf diesen Seiten.

Das Bild links zeigt eine Gartenlaube aus Metallspalieren, die als vorgefertigte Bauelemente im Handel erhältlich sind. Die Laube eignet sich hervorragend als Rankhilfe für die schönsten Kletterpflanzen und wird, falls erwünscht, mit der Zeit ganz zugewachsen sein. Mit einer hölzernen Sitzbank darunter erhalten Sie einen wunderbar romantischen Sitzplatz, den Sie je nach Wunsch jahreszeitlich dekorieren können. Wenn Sie die Laube mit ihrer Rückseite zum Nachbargarten aufstellen, haben Sie eine schnelle und dekorative Sichtschutzlösung für jedes „Schlupfloch" in der Einfriedung Ihres Gartens. Etwas aufwändiger ist die zierliche Laube rechts im Bild. Sie ist komplett aus grün gestrichenem Holz gebaut und hat eine rundum integrierte Sitzbank. An der Rückseite ist sie schon mit dem grüngelben Blatt des Hopfens *(Humulus)* – ein wirklich schöner Kontrast zur Farbe des Holzes – so dicht bewachsen, dass sie eine völlig unbeobachtete Sitzgelegenheit bietet. Wird sie in ein Gartenkonzept integriert, wie hier am Ende eines Wegs, bildet eine solche Laube ein wirklich krönendes Gestaltungselement für jeden Garten.

*Die formschöne Gartenlaube mit Sitzbänken ist ein herrlicher Blickfang im Gemüsegarten. Das grüngelbe Blatt des Hopfens sorgt für einen spannenden Farbkontrast.*

## Ab in den Schatten – Sonnenschutz

**Die Klassiker: Sonnenschirme und Sonnensegel**

So herrlich es ist, in der Sonne zu sitzen, an einem heißen Sommertag sehnt man sich durchaus auch mal nach einem schattigen Plätzchen. Da so ein schöner, ruhiger Sitzplatz nicht nur gegen unerwünschte Blicke, sondern eben auch gegen Wind und vor allem Sonne geschützt sein sollte, werden Sonnenschirme und Sonnensegel zum zusätzlichen gestalterischen Element.

Welcher Sonnenschutz für Ihre Terrasse der geeignete ist, ist im Wesentlichen Geschmacksache und eine Frage des Platzes: An der Wand befestigte Markisen sind wahre Platzsparer und zudem bequem zu bedienen. Den klassischen Sonnenschirm mit seinem kompakten Ständer gibt es in den verschiedensten Größen und in einer großen Farbauswahl. Damit passt er eigentlich in jedes Gartenkonzept. An Ständern aufgehängte Sonnenschirme haben den Vorteil, dass der Fuß am Rand der Terrasse und somit nicht im Weg steht. Ein Sonnensegel bietet ebenfalls verschiedene Variationsmöglichkeiten hinsichtlich Farbe und Größe. Es wirkt luftig und schützt vor Sonne, Wind und Einblicken. Das Segel kann einfach mit Metallösen an dafür vorgesehenen Ständern, an einer Pergola oder an der Hauswand befestigt werden. Wenn es aus wasserdichtem Tuch ist, achten Sie darauf, es mit einer leichten Neigung anzubringen, so dass kein Wasser darauf stehen bleiben kann. Für alle Varianten ist es wichtig, ab und zu mit dem Gartenschlauch den Staub abzuspülen und sie am besten drinnen – mit Schutzhülle auch draußen – zu überwintern.

*Über einen Rahmen, der aus Baugerüstmaterialien erstellt wurde, ist ein geblümter Stoff gespannt, der zugleich Schatten und Schutz vor herunterfallendem Laub bietet.*

*Für moderne Gartenkonzepte: Über einen Edelstahlrahmen ist ein schwarzes Polyethylentuch gespannt. Passende Designer-Gartenmöbel ergänzen diesen Sonnenschutz stilsicher.*

Wenn ausreichend Platz vorhanden ist, kann auch eine Pergola oder eine einfache Laube beispielsweise als Aufhängung für ein maßgefertigtes Sonnensegel dienen und somit zum Schattenspender werden. Hier lassen sich mit einer attraktiven Beleuchtung zusätzlich reizvolle Effekte erzielen. In jedem Fall sollte der Stoff einfach abnehmbar sein, damit er leicht zu reinigen ist und bei schlechtem Wetter nicht so schnell verschmutzt.

Ein individuell gestalteter Sonnenschutz ist in jedem Fall eine optische Bereicherung für jeden Gartensitzplatz. Das Foto auf Seite 80 zeigt eine Stellage aus einfachen Gerüstbaurohren. Praktisch ist dabei, dass die Rohre mit den passend erhältlichen Verbindungsstücken ohne großen Aufwand miteinander verbunden werden können. Über die Konstruktion ist ein geblümter Stoff gespannt, der nicht nur vor der Sonne schützt, sondern auch die Blätter und den Vogelmist vom danebenstehenden Baum auffängt. Auf diese Art und Weise wird auch die gepolsterte Sitzgarnitur geschont, die auf der Terrasse steht. Der Sitzplatz auf Seite 81 wird durch eine moderne, sehr edel wirkende Konstruktion beschattet, die wunderbar mit den modernen Gartenmöbeln harmoniert. Ständer und Träger sind aus rostfreiem Stahl, das Tuch darüber aus schwarzem Polyethylen. Das Tuch ist am Ende an einem Stab befestigt, der mit Spannleinen im Boden verankert ist. So liegt es immer schön gespannt auf der Pergola.

Am Rande: So schlicht und klassisch das schwarze Tuch auch optisch wirkt, bei der Farbwahl sollte man berücksichtigen, dass Schwarz die Wärme stärker anzieht als eine helle Farbe. Denn Schwarz absorbiert die Sonnenstrahlen und verwandelt sie in Wärme. Daher sollte so ein Plätzchen an einer Stelle stehen, wo auch einmal der Wind langgehen kann. Auch sollten Sie beim Sonnenschutz auf ein Material achten, das die UV-Strahlen auch tatsächlich abhält, Polyester schützt hier besser als Baumwolle. In jedem Fall sollte das Gewebe besonders dicht sein.

*Ein großer Holzsonnenschirm ist der geeignete Schattenspender für diese Terrasse in einem Patiogarten. Das helle Cremeweiß des Tuchs lässt noch genügend Licht durch.*

## Spannung erzeugen – Gartenräume schaffen

Ein Garten hat deutlich mehr zu bieten als nur Rasenflächen, Beete und eine Umzäunung. Der Garten ist mehr und mehr Lebensraum, den wir nach unseren individuellen Vorstellungen in Räume unterteilen und gestalten können, ähnlich wie eine Wohnung oder ein Haus. Je nach Bedürfnis können wir die Räume wechseln. Im Frühjahr und Herbst suchen wir den sonnigen Sitzplatz, im Sommer den Schatten. Gartenräume sind nicht direkt einsehbar, es entstehen lauschige Ruheplätze und praktische „Verstecke". Um Räume schaffen zu können, sind Abgrenzungen nötig: Mauern, Zäune, Hecken oder eben einzelne Stauden begrenzen, schirmen ab, unterteilen.

### Grün und lebendig

Hecken sind sicherlich der Favorit unter den „Begrenzungen", vorausgesetzt, der Platz im Garten lässt es zu. Eine – auch teilweise – Umschließung mit einer hohen Hecke formt aus einem Gartenteil einen wirklichen, nicht einsehbaren Raum, der beispielsweise ganz anders gestaltet werden kann als der restliche Garten. Auf diese Weise gelingt es, in ein und demselben Garten eine Vielfalt an Nutzungsmöglichkeiten zu etablieren, ohne dass es irgendwie störend wirkt. Ganze Themenbereiche wie Ruhe und Entspannung, Spiel und Sport oder auch Arbeit lassen sich in solchen Gartenräumen unabhängig voneinander einrichten. Der praktische Zusatznutzen: Lassen Sie den Geräteschuppen, die Mülltonnen, den Kompost oder ähnliche unattraktive Anblicke einfach in einem „Gartenraum" verschwinden. Aber auch das ungepflegte Grundstück gegenüber oder die Wellblechlaube des Nachbarn verschwinden optisch durch Gartenräume. Diese so geschaffenen Räume erzeugen zudem eine Spannung in Ihrem Garten, denn die Nutzung, die sich dahinter verbirgt, ist nicht auf den ersten Blick ersichtlich.

*Ein hinreißender Entwurf, in dem die Mauern die Grenzen der Gartenräume darstellen. Die geraden Linien der Mauern spiegeln sich im Wasser und kontrastieren mit der überschwänglich blühenden Blumenwiese.*

*Eine kleine, teilweise abgegrenzte Gartenkammer mit einer Terrasse aus metallenen Gitterrosten. Vor dem Sichtschutz aus Hartholzbrettern wurde eine rot getönte Mauer als Basis für ein Wasserelement errichtet.*

Wenn in Ihrem Garten ausreichend Platz für eine kräftige und hohe Hecke vorhanden ist, eignen sich Buche, Hainbuche, Stechpalme oder *Taxus* hervorragend. Als gestalterische Elemente für Hecken sind Variationen unterschiedlicher Höhenniveaus oder ein Wechsel zwischen gerader und geschwungener Hecke möglich. Aber achten Sie bei hohen Hecken darauf, dass keine allzu kleinen, engen Räume entstehen, da die Hecke sonst zu viel Schatten erzeugt und Ihren Gartenraum düster wirken lässt. Niedrige Hecken oder Blöcke sind mehr dazu geeignet, Struktur im Garten zu erzeugen. Wenn Hecken niedrig gehalten werden, beispielsweise auf Hüfthöhe, geht die Übersichtlichkeit nicht verloren. Für halbhohe Hecken eignen sich die zuvor genannten Arten sowie Buchsbaum *(Buxus),* Liguster *(Ligustrum),* Duftblüte *(Osmanthus)* und Kirschlorbeer *(Prunus laurocerasus).* Die meisten Hecken sollten zweimal im Jahr geschnitten werden. Mehr Information dazu ab Seite 95.

Für kleinere Gärten erscheint eine Aufteilung in einzelne Gartenräume nicht wirklich empfehlenswert oder sinnvoll, da die hohen Hecken einfach zuviel Platz beanspruchen. Dennoch können Sie auch in einem kleinen Garten interessante und spannungsvolle Strukturen schaffen, indem Sie Ihrem Garten mit transparent wirkenden, niedrigen Zäunen oder durch die Pflanzung niedriger Hecken eine individuelle Gliederung geben und trotzdem die Übersichtlichkeit erhalten.

Auch Höhendifferenzen, die man etwa durch unterschiedlich hohe Bepflanzungen oder kleine Aufschüttungen erhält, sowie betonte Sichtachsen lassen einen Gartenraum spannender wirken. Mit der Betonung der längsten Achse im Garten erscheint der Raum größer. Dies kann beispielsweise durch eine diagonal angelegte Pflasterung geschehen oder, indem die längste Achse des Gartens zu einer Sichtachse gestaltet wird. Der Blick des Betrachters wird hierbei beispielsweise entlang eines Wegs oder über einen Teich auf einen konkreten Fluchtpunkt gelenkt, dies kann eine Gartenbank oder auch ein Kunstobjekt sein. Auch der Einsatz heller Farben erzeugt einen räumlichen Effekt.

*Eine Wand aus gestapelten Natursteinblöcken schließt diese Gartenecke gegen Einblicke ab. Die natürliche Bepflanzung lässt die geraden Linien der Steine weicher erscheinen. Die halbrunde Bank macht die Ecke freundlich.*

*In diesem klassisch angelegten Garten geben Hecken und Heckenblöcke aus Taxus und Buche die Struktur vor. Sie bilden einen halboffenen Gartenraum, in dem gemütliche Sitzplätze angeordnet wurden.*

Einige sehr attraktive Beispiele für die Gestaltung von Gartenräumen mit Hecken zeigen wir Ihnen auf den folgenden Seiten: In dem Garten auf Seite 88 sind mit halbhohen Hecken und Blöcken aus *Taxus* und Buche gleich mehrere verschiedene halboffene Gartenräume geschaffen worden, die seinem Nutzer traumhafte Rückzugsmöglichkeiten bieten. Der geometrisch angelegte, eingefasste Gartenteich unterstreicht die strenge Form der Raumgliederung. Die Terrasse auf Seite 91 wird begrenzt durch eine hohe Buchenhecke, die Einblicke von der Gartenseite verhindert. Die Öffnung schafft nicht nur einen Durchgang in den Garten, sondern bietet auch Durchblick. An Stelle einer hohen Hecke kann auch wintergrüner Bambus verwendet werden, wie das Beispiel auf Seite 90 zeigt. Bambus nimmt zwar mehr Platz ein als eine normale Hecke, wirkt dafür aber auf seine Art sehr natürlich und luftig. Bambus ist übrigens auch gut in Heckenform zu schneiden. Es empfiehlt sich, die langen Zweige abzustützen, sonst kann es passieren, dass die Bambushecke nach einem heftigen Regenschauer fast platt auf dem Boden liegt. Halten Sie den Bambus daher mit einem Rahmen aus Pfählen und Draht in Form.

**Hinter Mauern**

Mauern sind in ihrer Gesamtwirkung naturgemäß deutlich kühler und sachlicher als grüne Hecken, fügen sich aber in das passende Gartenkonzept als echter Blickfang ein. In dem Garten, der auf Seite 85 abgebildet ist, wurde gleich mit mehreren Gestaltungsmöglichkeiten gespielt: Die beiden unterschiedlichen Höhenniveaus, die unterschiedlichen Materialien und die Zweifarbigkeit der beiden Mauern schaffen zwar einen strengen, aber zugleich auch spannungsvollen Effekt. Die höhere, weiße Mauer im Hintergrund begrenzt den Garten. Die flachere, terrakottafarbene Mauer steht in einigem Abstand davor und mindert dadurch die Wucht der höheren Mauer. Durch die integrierte Sitzbank und das Wasserbassin wird die Wand zu einem stilvollen und geschützten Sitzplatz. Die üppige Blumenwiese bildet einen zarten Kontrast zu der streng linearen, sachlichen Konstruktion der beiden Mauern.

*Die Sonnenterrasse ist überwiegend begrenzt durch Bambus und Ziergräser. Die luftige Gestalt der Bepflanzung sorgt für eine natürliche und ungezwungene Atmosphäre.*

Für den Garten auf Seite 87 wurde eine Gabione als Abgrenzung gewählt: Die aufeinander gestapelten Kopfsteine aus grauem Naturstein werden durch das grobmaschige Drahtgeflecht gehalten. Der Sockel der Gartenbank ist auf die gleiche Weise hergestellt, so dass ein einheitliches Ganzes entsteht. Die Sitzfläche der Bank ist aus Holz und bildet somit einen schönen, warmen Kontrast. Auch durch die Art der Bepflanzung – hier überwiegen zarte Grüntöne und sanfte Blattstrukturen – erhält dieses etwas rustikal wirkende Ensemble einen einladenden und gemütlichen Charakter.

**Ein Zaun muss her**

Zäune brauchen aufgrund ihrer Konstruktion deutlich weniger Platz als Hecken und Mauern und eignen sich daher sehr gut – insbesondere für kleinere Gärten – entsprechende Gartenräume anzulegen. Wie bei den anderen Materialien auch bestimmen Form und Farbe die Wirkung. Je nach gewünschter Funktion können Sie zwischen einer komplett abgedichteten Wand ohne Durchblickmöglichkeit oder einer transparent wirkenden Abtrennung aus Spalieren oder aber Gittermatten wählen, die noch kleine Ein- oder Ausblicke zulassen. Der streng gestaltete, moderne Gartenraum auf Seite 96 ist zum Teil abgegrenzt durch einen Zaun aus horizontal angeordneten, blickdichten Hartholzbalken mit unterschiedlichen Höhenniveaus. Die Geschlossenheit der Holzwand signalisiert: Hier sind fremde Blicke unerwünscht. Vor der Holzwand steht eine etwas niedrigere, rotgefärbte Steinmauer, an der ein Wasserelement aus Metall befestigt ist. Glänzende Metallroste decken das Wasserbecken ab – geben aber zugleich den Blick auf das Wasser frei – und schaffen somit eine begehbare Terrassenfläche. Trotz des Mixes aus vielen kühlen Materialien wirkt dieser kleine Gartenraum durch die zarte Bepflanzung und die beiden Birken leicht und intim. Das Zusammenspiel aus verschiedenen Höhen, Farben und Oberflächen gibt dem Ensemble bei aller Strenge dennoch eine verspielte Note.

*Eine hohe, exakt geschnittene Buchenhecke begrenzt die Terrasse an der Rückseite und schafft zugleich einen behaglichen Sitzplatz. Die Pflasterung besteht aus Steinen und alten Ziegeln aus Belgischem Hartstein.*

*Der einfallsreich gestaltete Stadtgarten zeigt einen originellen Materialmix.*

**Das perfekte Idyll: der kleine Stadtgarten**

Der kleine Stadtgarten ist mit viel Liebe zum Detail und in erster Linie nach Sichtschutzkriterien gestaltet worden. Er steht exemplarisch dafür, dass sich selbst kleine Gärten in einen wunderschönen und sichtgeschützten Garten-Rückzugsraum verwandeln lassen. Als Abschirmung dient ein Rahmen aus dunkelbraun gebeizten Holzbalken, in die Glas eingesetzt wurde. Dabei wechseln sich klares Glas mit Drahtglas und Riedmatten mit Strohballen als füllendes Material ab. Die Glasscheiben werden auf der Rückseite des Rahmens mit schmalen Leisten befestigt. Die Füllung mit Ried oder Stroh lässt sich einfach wechseln; sie kann auch gegen Matten aus Bambus oder Heide, Spalier oder Stoff getauscht werden.

Ein dreieckiges Sonnensegel über der Terrasse sorgt für ausreichenden Sonnenschutz. Mit den Ösen wird das Tuch an drei Pfosten befestigt. Einer der Pfosten ist etwas höher, somit ist das Tuch automatisch leicht schräg gespannt und kein Wasser bleibt darauf stehen. In der Terrasse ist ein Schienensystem verlegt, auf dem sowohl der Tisch als auch die Bank verschoben werden können. Bevorzugen Sie Schatten, wird der Tisch unter das Sonnensegel geschoben, ist Sonne gewünscht, schiebt man das Mobiliar einfach wieder zurück. Eine fest installierte Eckbank bietet zusätzliche Sitzgelegenheiten. Die gasbetriebene Terrassenheizung sorgt an kühlen Sommerabenden für eine angenehme Temperatur. Die leicht austauschbare Gasflasche befindet sich im Fuß der Heizung. Die Bepflanzung ist pflegeleicht und besteht vornehmlich aus Ziergräsern, einige Stauden hellen die schmalen Rabatten mit leuchtenden Blüten auf. Eine Himalaya-Birke, *Betula utilis* 'Doorenbos', spendet dem Garten eine Extraportion Schatten.

*Hecken aus verschiedenen Arten in unterschiedlichen Formen und Höhen lassen sich fantastisch kombinieren. Die Hecke aus Stechpalme (Ilex) mit ihren dekorativen Kugeln an der Oberseite kontrastiert schön mit den gelbbraunen Herbstfarben der Buchenhecke.*

# Lebende Materialien

## Gestalten mit Hecken

Im Gegensatz zu den in den bisherigen Kapiteln vorgestellten festen Materialien erzeugen Hecken und Trennwände aus Kletterern eine ganz eigene Atmosphäre. Die weichen Formen und die Blattstruktur lassen eine Hecke oder eine Efeuwand nicht nur viel natürlicher erscheinen, sie fügen sich naturgemäß auch nahtlos in die vorhandene Bepflanzung ein. Eine Hecke eignet sich zudem als schöner Hintergrund für Beetbepflanzungen. Und nicht zuletzt sind Hecken Nistplatz und Lebensraum von Vögeln und anderen Kleintieren.

Auch Hecken bieten viel Freiraum für Gestaltungsmöglichkeiten, mit Fantasie und Geschick lassen sich regelrecht kunstvolle Formen realisieren. Bekannt sind beispielsweise die „Wolkenhecken" aus *Buxus* in den Gärten des belgischen Gartenarchitekten Jaques Wirtz. Diese Hecken sind rund geschnitten und haben wolkenähnliche Ausstülpungen. Auch die Hecken, die Piet Oudolf, der international bekannte niederländische Gartengestalter, entworfen hat (Seite 98), sind sehr formschön und ein prägendes Element. Seine parallel angeordneten Formen von unterschiedlicher Höhe sind auf der Oberseite in Wellenlinien gestutzt worden. Hier möchten wir Ihnen noch einige weitere Varianten des Formschnitts vorstellen: Eine Hecke kann von oben nach unten abfallend geschnitten werden. Sie können ihre Oberseite schräg oder aber auch auffallend rund schneiden. Auf dem Foto links sind oben auf der *Ilex*-Hecke zur Verzierung Kugeln geformt. Auf Seite 104 sehen Sie eine Hecke, deren Oberkante an die Zinnen einer Burgmauer erinnert. Geschwungene Hecken sind ein betonendes Element im Garten, eine in halbrunde Form gestutzte Hecke hat einen beschützenden Effekt und passt daher sehr gut um eine Terrasse. Auch mit der Ausrichtung der Hecken – längs oder quer zu einer Sichtachse – lassen sich besondere Effekte erzielen. Eine Längsachse, wie zum Beispiel ein Weg, von parallel

*Diese schnell wachsende Hecke aus Gewöhnlicher Hainbuche (Carpinus betulus) kann ausgezeichnet in Form geschnitten werden. Regelmäßiges Schneiden verhindert, dass die Hecke zu breit wird.*

verlaufenden Hecken flankiert, wird in seiner Länge zusätzlich betont. Allerdings wirkt er dadurch eher etwas eintönig. Durch Kombination mit quer angeordneten Hecken kann eine solche monotone Struktur aufgelockert werden.

**Hohe Hecken**

Hohe Hecken haben den Sinn und Zweck, Sichtschutz und Privatsphäre zu schaffen. In größeren Gärten trennen sie zudem die Gartenräume voneinander ab. Den perfekten Sichtschutz bieten immergrüne Hecken ab 2 m Höhe. Durch regelmäßiges Stutzen können Hecken recht schmal gehalten werden, aber eine Mindestbreite von 50 cm sollte auf jeden Fall immer eingeplant werden. Hecken sollten zweimal im Jahr geschnitten werden, etwa Mitte Juni und dann noch einmal vor dem Winter. Im Folgenden stellen wir Ihnen immer- und sommergrüne Sträucher vor, die für hohe oder halbhohe Hecken besonders gut geeignet sind.

*Acer,* Ahorn
Die spanische Art des Feldahorns, *Acer campestre,* ist ein kräftiger Baum oder Strauch, der ca. 12 m hoch wird. Er ist hervorragend zum Anlegen einer hohen Hecke geeignet. Das drei- bis fünffach gelappte Blatt ist äußerst dekorativ, besonders während des Knospens, weil es dann eine rote Färbung hat. Die Sorte 'Royal Ruby' hat eine dunkle, grauviolette Blattfärbung, die später ins Dunkelgrün übergeht. Sie blüht unauffällig im April/Mai, verträgt sowohl volle Sonne als auch Halbschatten und Schatten. Sommergrün.

*Diese Eibenhecke, Taxus baccata, ist durch ihre Form ein auffälliger Gartenbestandteil geworden. Die Rabattenpflanzen sehen vor dem dunkelgrünen Hintergrund sehr gut aus.*

*Hier werden Hecken als dominantes Gestaltungselement eingesetzt. Unterschiedlich hohe Hecken aus Taxus baccata sind mehrreihig aufgestellt, ihre Oberseite ist wellenförmig geschnitten.*

*Carpinus,* Hainbuche

Ein heimischer, bis 25 m hoch wachsender Baum, für Gärten wegen seiner Ausmaße ungeeignet. Dafür ist die Hainbuche gut als Hecke zu verwenden. Für Gärten wird nur *Carpinus betulus,* die Gewöhnliche Hainbuche, verwendet. Auf den ersten Blick gleicht diese Hainbuchenhecke einer Buchenhecke, sie unterscheidet sich jedoch durch die deutlich hervortretenden Blattnerven, während das Buchenblatt recht glatt ist. Außerdem wächst die Hainbuche schneller als eine Buche. Das Blatt färbt sich vor dem Blattabwurf gelb. Bereits als Heckenpflanze gezüchtete, 3 m hohe Exemplare können problemlos verpflanzt werden. Nach ein oder zwei Jahren erhalten Sie somit eine dichte Hecke. Sollte die Hecke zu breit werden, kann sie bis dicht an die Stämme zurückgestutzt werden. Nach etwa zwei Jahren hat man so wieder eine dichte, aber deutlich schmalere Hecke. Die Hainbuche ist anspruchslos an den Standort, liebt aber Sonne. Im Juni treibt sie eine unauffällige Blüte. Sommergrün.

*Crataegus,* Weißdorn

Wegen der stacheligen Zweige und ihrer undurchdringlichen Struktur ist die Weißdornhecke ideal für Einfriedungen geeignet. *Crataegus monogyna* wird am häufigsten für Hecken verwendet. Da der Weißdorn mit der Zeit kräftig wird, ist er für kleine Gärten weniger geeignet. Als Baum kann diese Sorte immerhin 10 m hoch werden. Das Blatt ist tief gelappt, die kleinen, weißen Blüten stehen in Dolden. Nach der Blüte bilden sie kleine, dunkelrote Früchte aus. Schneiden sie die Hecke direkt nach der Blüte zurück, dann wird sie im nächsten Jahr herrlich blühen. Übrigens, Gartenhandschuhe schützen Sie dabei vor den spitzen Stacheln. Blüte Mai bis Juni, liebt pralle Sonne. Sommergrün.

× *Cupressocyparis leylandii*, Bastardzypresse

Schnell wachsende Konifere, bildet in kurzer Zeit eine immergrüne Hecke aus. × *Cupressocyparis leylandii* hat einen schlanken, aufrechten Wuchs. 'Gold Rider' wächst weniger schnell und hat grüngelbe Blätter. Verträgt pralle Sonne. Immergrün.

*Ein dekorativer Rundbogen aus Buche bildet das Ende des Gartenwegs. Durch die beiden Bögen hindurch führt der Weg in den Garten hinein. Die zu einer halboffenen Kuppel geschnittene Buchenhecke bildet einen natürlichen Hintergrund.*

*Auch diese Thuja-Hecke zeigt den spielerischen Umgang mit Formen und Farben. Durch die Mischung unterschiedlicher Arten und verschiedener Farben erhält man einen Blickfang im Garten.*

*Fagus,* Buche

Eine der sicherlich schönsten Hecken für den Garten. Die Blätter werden im Herbst braun, bleiben aber zum größten Teil den Winter über an den Zweigen hängen. Buchenhecken sind sehr einfach zu züchten und vertragen sogar viel Schatten. *Fagus sylvatica* sind die grünen Buchenhecken, für die roten Hecken wird *Fagus sylvatica* 'Purpurea', die Blutbuche, gewählt. In Heckenform keine Blüte, Sonne oder Halbschatten, sommergrün.

*Ilex,* Stechpalme

Die Gemeine Stechpalme, *Ilex aquifolium,* ist ein kräftiger, heimischer, langsam wachsender Strauch mit immergrünen, stacheligen Blättern, aus dem man – wenn man etwas Geduld mitbringt – gut eine hohe Hecke züchten kann. Es gibt diverse Sorten mit gelbbunten oder weißbunten Blättern. Die Blaue Stechpalme *(Ilex × meserveae)* hat weniger scharfe Stacheln als die Gemeine Stechpalme und trägt bereits als junger Strauch rote Beeren. Standort: Sonne, Halbschatten oder Schatten. Immergrün.

*Prunus laurocerasus,* Kirschlorbeer

Der Kirschlorbeer ist ein immergrüner Strauch, der bis zu 4 m hoch werden kann. Sein großes, lederartiges Blatt ist beim Ausschlagen hellgrün, wird später dunkelgrün. Ein strenger Frost kann schädlich sein. 'Reynvaanii' ist eine gut geeignete, winterharte Heckenpflanze. Standort: Sonne oder Halbschatten. Immergrün.

*Eine fantasievoll geflammte Hecke aus zwei verschieden gefärbten Sorten von* × **Cupressocyparis leylandii** *hinter einer Rabatte. Diese Wirkung erreicht man auch mit Thuja oder Taxus.*

*Wirkt nobel: Hecken in verschiedenen Höhen und streng geschnittenen Formen. Die hohe Hecke ist aus Rotbuche (Fagus sylvatica), die niedrigere ist Kirschlorbeer (Prunus laurocerasus).*

*Taxus,* Eibe

Die Eibe ist die ideale immergrüne Hecke für den Garten. Sie ist ausgezeichnet in Form zu stutzen und lässt sich gut zurückschneiden. Eine Hecke aus *Taxus baccata* wächst langsam, ungefähr 10 cm pro Jahr. Der gesamte Strauch ist sehr giftig. Standort: Sonne, immergrün.

*Thuja,* Lebensbaum

Koniferen mit schuppenförmigen Blättern; die schlanken, aufrechten Lebensbäume werden häufig für Hecken verwendet. Einen starken Rückschnitt wie beim *Taxus* verträgt *Thuja* jedoch nicht. Als Hecken sind unter anderem der grüne Abendländische Lebensbaum *Thuja occidentalis* 'Brabant' und der hellgrüne 'Pyramidalis Compacta' geeignet. Standort: Sonne, immergrün.

**Halbhohe Hecken**

Halbhohe Hecken liegen mit ihrer Wuchshöhe bei etwa 75 bis 125 cm. Diese Höhe gewährt noch einen guten Überblick über den Garten und dennoch zeigt sie eindeutige Begrenzungen. Sie eignen sich also bestens dazu, einem Garten Grundstruktur zu verleihen. Auf den folgenden Seiten finden Sie eine Auswahl geeigneter Arten.

*Aucuba,* Goldorange

Ein immergrüner Strauch mit recht großem, glänzendem Blatt. Die weiblichen Pflanzen tragen rote Früchte, das aber nur, wenn eine männliche Pflanze in der Nähe steht. Die Japanische Aukube *(Aucuba japonica)* hat lederartige, grüne Blätter, meistens wird die gelbbunte 'Crotonifolia' angepflanzt. Sie liebt einen geschützten Platz in ziemlich feuchtem, saurem Boden. Standort: Halbschatten oder Schatten, immergrün.

*Eine alte Hecke aus hochgewachsenem Gewöhnlichem Buchs (Buxus sempervirens) schließt diesen Vorgarten ab. Die Sträucher sind zu fantasievollen Wolken geschnitten.*

*Eine halbhohe Ligusterhecke (Ligustrum), deren Oberseite zu Burgzinnen geschnitten ist. Darüber ragen die Kronen der Linden und bilden gemeinsam mit der Hecke einen natürlichen Sichtschutz.*

*Buxus,* Buchsbaum

Eine sehr populäre, immergrüne Heckenpflanze, die gut in Form zu schneiden ist. *Buxus sempervirens* ist die beste Sorte für halbhohe Hecken. 'Handsworthiensis' hat große Blätter (bis 4 cm), 'Rotundifolia' hat beinahe runde Blätter. *Buxus microphylla* 'National' ist ein kräftiger Strauch, bis 175 cm hoch, mit frischgrünen Blättern. Man kann diese Sorte mehrmals im Jahr schneiden, aber besser nicht an sonnigen Tagen. Standort: Sonne oder Halbschatten, Blüte im Mai/Juni. Immergrün.

*Cotoneaster,* Zwergmispel

Blattverlierende und immergrüne Sträucher mit sehr kleinen Blättern. *Cotoneaster conspicuus* ist ein dichter, immergrüner Strauch mit kleinen, weißen Blüten und vielen orangeroten Früchten. *C. dielsianus* ist eine blattverlierende Sorte mit überhängenden Zweigen und roter Herbstfarbe. Auch geeignet für eine freistehende Hecke. Standort: Sonne oder Halbschatten, Blüte im Mai/Juni.

*Ligustrum,* Liguster

Eine sehr bekannte Heckenpflanze, die im Winter ungefähr die Hälfte ihrer Blätter behält. *Ligustrum vulgare* wird am meisten verwendet, die Sorte 'Lodense' bleibt etwas niedriger (bis 100 cm). *L. ovalifolium* 'Aureum' hat grüngelbe Blätter. Weiße Blüten im Mai, später schwarze Beeren. Standort: Sonne oder Halbschatten.

*Lonicera,* Geißblatt

Die Heckenkirsche *(Lonicera nitida)* ist ein robuster und zuverlässiger, immergrüner Strauch mit sehr kleinen Blättern an überhängenden Zweigen. Die strauchig wachsenden Lonicera-Arten werden meist als Heckenkirsche bezeichnet. 'Baggensen's Gold' hat grüngelbe Blätter, 'Hohenheimer Findling' hat größere Blätter und ist besonders winterhart. Standort: Sonne oder Halbschatten, unauffällige Blüte im Mai. Immergrün.

*Die Buchsbaumhecken (Buxus sempervirens) bilden die Kulisse in diesem Garten. Zwischen den Hecken wachsen niedrige Rabattenpflanzen. Im Hintergrund steht ein Schutz aus spalierförmigen Linden (Tilia), der Blicke aus dem Nachbargrundstück abhält.*

*Eine halbhohe Hecke aus Buchsbaum mit rund geschnittenen Pfeilern bildet den Hintergrund für dieses Lavendelbeet, das wie eine zusätzliche niedrige Hecke wirkt.*

*Osmanthus,* Duftblüte

*Osmanthus heterophyllus,* die Stachelblättrige Duftblüte, ist ein immergrüner Strauch mit großer Ähnlichkeit zur Stechpalme. Er lässt sich in eine kräftige, dichte Hecke formen. Kleine, weiße Blüten im September/Oktober, duftend. Anfang Mai stutzen. Standort: Sonne oder Halbschatten, immergrün.

*Photinia,* Glanzmispel

Lederartige Blätter und kleine, weiße Blüten. *Photinia × fraseri* 'Red Robin' hat eine auffällige Blattfärbung, das junge Blatt ist schön rot getönt, später färbt es sich dunkelgrün. Bevorzugt einen geschützten Platz. Standort: Sonne oder Halbschatten, Blüte Mai/Juni, immergrün.

**Niedrige Hecken**

Niedrige Hecken sind beispielsweise zur Einrahmung eines Wegs, eines Beets oder einer Rabatte geeignet. Sie akzentuieren somit die linienhaften Elemente in einem Garten. Je straffer die kleinen Hecken geschnitten sind, desto stärker der Effekt. Auf den folgenden Seiten stellen wir Sträucher vor, die für niedrige Hecken geeignet sind. Mit Ausnahme der Berberitze sind sie alle immergrün. Alle Sorten, die wir vorstellen, sollten Mitte Juni und nochmals vor dem Winter geschnitten werden.

*Berberis,* Berberitze

Die Grüne Heckenberberitze *(Berberis thunbergii)* ist ein dicht verästeltes, stacheliges Sträuchlein mit kleinen Blättern. Vor allem die Sorte 'Atropurpurea' mit grau-violettem Blatt findet viel Verwendung als niedrige Hecke. 'Atropurpurea Nana' wird nicht höher als 1 m. 'Rose Glow' hat hellviolett gesprenkelte Blätter und 'Aurea' ist grüngelb. Hellgelbe Blüten im Mai und orangerote Herbsttöne. Standort: Sonne. Blattverlierend.

*Eine halbhohe Hecke aus wintergrünem Bambus trennt diesen Vorgarten vom Gehweg. Vor allem feinblättriger Bambus kann gut in Form geschnitten werden.*

*Ein sogenannter „Knotengarten" in fernöstlichem Stil. Die niedrigen Hecken aus Zwergwüchsigem Buchsbaum (Buxus sempervirens 'Suffruticosa') formen ein hübsches Knotenmuster. Das ausgefallene Wasserbecken bildet den Mittelpunkt des Gartens.*

*Buxus,* Buchsbaum

Als Beetabgrenzung oder entlang von Rabatten ist der Zwergwüchsige Buchsbaum, *Buxus sempervirens* 'Suffruticosa', ein echter Klassiker. Dieser Strauch wird nicht höher als 50 cm und ist daher nicht für figürliche Formen geeignet. Um eine dichte Hecke zu erhalten, kann er mehrmals im Jahr gestutzt werden. Vorzugsweise Halbschatten, immergrün.

*Ilex,* Stechpalme

*Ilex crenata* ähnelt *Buxus*, die Blätter sind nicht stachelig. Der Strauch trägt kleine, schwarze Beeren. Wegen des gedrungenen Wuchses und der sehr kleinen Blätter ist dieser *Ilex* für niedrige Hecken geeignet. Halbschatten, immergrün.

*Lavandula,* Lavendel

Ein niedriger Strauch, aus dem eine locker wirkende Hecke gesetzt werden kann; ein schönes Beispiel sehen Sie auf Seite 116. Sowohl das graugrüne Blatt als auch die Blüten sind stark duftend. Der Echte Lavendel (*L. angustifolia*) ist die bekannteste Sorte, bei 'Hidcote' sind die Blüten dunkelviolett. Jedes Jahr im April und direkt nach der Blüte zurückschneiden. Standort: Sonne, Blüte Juni/Juli.

*Osmanthus,* Duftblüte

Die Frühlingsduftblüte (*Osmanthus burkwoodii*) ist ein langsam wachsender Strauch mit glänzenden Blättern. Im Mai erscheinen duftende, weiße Blüten. Sehr schön für eine lockere, niedrige Hecke. Sonne oder Halbschatten, immergrün.

*Sarcococca,* Duftende Fleischbeere

*Sarcococca hookeriana* var. *humilis* ist ein niedriger Strauch mit lanzettförmigen, spitzen Blättern. Auch geeignet als Bodendecker, da er Ausläufer bildet. Ab Januar weiße, duftende Blüten, später schwarze Beeren. Halbschatten oder Schatten, immergrün.

*Ein formaler Garten: Die Beete werden mit Hecken (Buxus sempervirens) abgesetzt und durch Buchsbaumblöcke in der Mitte betont. Tulpen füllen die Ecken im Frühjahr, im Sommer blühen dort Rosen. Die Buchenhecke dahinter schließt den Garten.*

*Teucrium,* Gamander

Ein kleines, aromatisches Halbsträuchlein, das als ganz niedrige Hecke geschnitten werden kann. Geeignet, um damit kleine Beete im Kräutergarten abzutrennen. *Teucrium chamaedrys* zeigt im Juni/August hellviolette Blüten. Liebt einen sonnigen Standort auf gut drainiertem Boden, immergrün.

**Blühende Hecken**

Blühende Sträucher gelten meist als prächtige Solitäre, in eine Reihe gesetzt, lässt sich mit ihnen eine wunderschöne, blühende Hecke gestalten. Aufgrund ihrer lockeren Wuchsform benötigen sie zwar mehr Platz als eine dichte Hecke, dafür rechtfertigt ihre üppige Blütenpracht diesen zusätzlichen Platzbedarf ohne jeden Zweifel. Manche Sorten werden sogar zweimal im Jahr zum echten Blickfang: das erste Mal zur Blütezeit, das zweite Mal im Herbst, wenn die Sträucher dekorative Früchte tragen oder das Blattwerk sich herbstlich verfärbt. Blühende Hecken benötigen einen Schnitt pro Jahr.

*Fuchsia,* Fuchsie

Die winterharte Scharlachfuchsie *(Fuchsia magellanica)* blüht sehr ausdauernd. Die hängenden Blüten haben einen schmalen, roten Kelch und eine violette Blütenkrone. Die Sorte 'Riccartonii' ist die beste winterharte Sorte. Im Winter Erde um die Stämmchen anhäufeln, im Frühjahr knapp über dem Boden stutzen. Höhe bis 1 m, Sonne/Halbschatten, Blüte von Juli bis September.

*Hydrangea,* Hortensie

Die Großblättrige Gartenhortensie *(Hydrangea macrophylla)* ist ein pflegeleichter Strauch, der sehr üppig blüht. Mit einer Hecke aus Hortensien erhält man eine wahre Blütenpracht, eventuell direkt nach der Blüte etwas schneiden. Aber denken Sie daran, dass die Hortensie nur am zweijährigen Holz blüht. Die Kletterhortensie

*Die niedrigen Buchsbaumhecken aus Buxus sempervirens 'Suffruticosa' formen ein geometrisches Muster. Die Laube ist mit Efeu bewachsen, die kegelförmigen Sträucher vor der Bank sind aus buntem Buxus sempervirens 'Argenteovariegata' geschnitten.*

*Eine Hecke aus immergrünem Rhododendron braucht ziemlich viel Platz, ist aber in Mai und Juni das Prunkstück des Gartens. Es sind viele Gartensorten erhältlich mit weißen, rosa und violetten Blüten.*

(*Hydrangea anomala* ssp. *petiolaris*) eignet sich, um entlang eines niedrigen Zauns oder einer Mauer geführt zu werden. Allerdings braucht man etwas Geduld, denn sie wächst sehr langsam und bildet erst nach 5 bis 8 Jahren die ersten Blüten aus. Höhe bis 1,5 m, Standort: sonnig bis Halbschatten, Blüte im Juli/August.

### *Hypericum,* Johanniskraut

Sträucher mit großen, gelben Blüten und roten Früchten, die noch während der Blühphase erscheinen. Vor allem *Hypericum* 'Hidcote' eignet sich als niedrige, blühende Hecke. Im April bis dicht an den Boden zurückschneiden. Höhe bis 1,5 m, sonniger Standort, Blüte von Juli bis September.

### *Pyracantha,* Feuerdorn

Wie Sie auf dem Foto auf Seite 114 sehen, lässt sich aus dem Feuerdorn eine schöne Hecke schneiden. Das Blatt ist wintergrün, die weißen Blüten sitzen in flachen Blütenhüllblättern, später entwickeln sich dann orangefarbene Beeren. *Pyracantha coccinea* ist die bekannteste, *P. rogersiana* ist eine sehr üppig blühende Sorte. Im April die Seitenäste zurückschneiden. Höhe bis 3 m, sonniger Standort bis Halbschatten, Blüte im Mai/Juni.

### *Rhododendron*

Die großen Gartenrhododendren, *Rhododendron* Catawbiense-Hybriden, sind keine echten Heckenpflanzen, aber bei ausreichendem Platz haben diese Sträucher in Reihe gepflanzt eine sehr effektvolle und immergrüne Wirkung, vor allem dann, wenn sie in unterschiedlichen Blütenfarben gepflanzt werden. *Rhododendron* bevorzugt einen nicht zu trockenen, sauren Boden. Nach der Blüte zurückschneiden, starker Rückschnitt ist gut verträglich, aber die nächste Blüte wird in diesem Fall mindestens ein Jahr aussetzen. Höhe bis 3 m, Blüte im Mai/Juni.

*Diese Reihe Rosensträucher schützt vor Einblicken in den Garten. Hier wurde die Gefüllte Apfelrose, Rosa (Rugosa–Hybride) 'Hansa' gewählt, die im Herbst große orangefarbene Hagebutten trägt.*

*Die kräftige Hecke aus Feuerdorn (Pyracantha rogersiana) trägt üppige, duftende, cremeweiße Blüten. Die Feuerdornhecke lockt viele Vögel in den Garten. Sie nisten zwischen den Zweigen und ernähren sich im Herbst von den orangefarbenen Beeren.*

*Rosa*, Rose

Vor allem die wilden Sorten sind ideal als Hecke geeignet. Die Japanische Hagebuttenrose *(Rosa rugosa)* hat große, einzelne Blüten in Weiß oder Rosa. *Rosa virginiana* 'Harvest Song' hat üppige rosafarbene Blüten und eine schöne Herbstfarbe. Abgebildet ist die Gefüllte Apfelrose, *Rosa* (Rugosa-Hybride) 'Hansa'. Alle genannten Sorten tragen nach der Blüte orangefarbene Hagebutten. Im Frühjahr stark zurückschneiden. Höhe bis 2 m, sonniger Standort, Blüte im Juni/Juli.

Ein Gitterzaun ist der beste Halt für Kletterpflanzen oder Spaliersträucher, denn nach einigen Jahren sind die Pflanzen so stark gewachsen, dass vom Gitter nichts mehr zu sehen sein wird. Da das Gitter unter Umständen ein ganz schönes Gewicht zu tragen hat, sollte es sehr stabil sein und vor allen Dingen lange halten. Grundsätzlich gilt, je enger das Gitter oder je kleiner die Maschenweite, umso stabiler. Auch die Pfosten, an denen es angebracht wird, sollten dauerhaft sein. Sie sollten vorzugsweise eine Betonverankerung erhalten, für die Montage auf kleinem Mauerwerk sind Pfostensockel geeignet. Alternativ kann man sich aber auch passende Metallständer auf Maß anfertigen lassen. Mit Hilfe passender Befestigungen können Sie selbst im Handumdrehen ein kräftiges Drahtgitter bauen. Als Rankgitter eignen sich auch die rostfarbenen Baustahlmatten, die zum Armieren von Betondecken verwendet werden, oder einfacher Draht von der Rolle, der dann straff gespannt an den Pfosten befestigt wird.

**Die Hortensie (Hydrangea macrophylla) ist ein reich blühender Strauch, der vor allem auf feuchtem Grund gut gedeiht. Einige Sträucher, in eine Reihe gesetzt, bilden eine aufgelockerte Hecke, die kaum geschnitten werden muss.**

*Die drei Platanen sind in der Form von Sonnenschirmen geschnitten. Dazu wurden die Zweige an einem hölzernen Rahmen befestigt, der sie in die richtige Form biegt. Ein angemessener Sonnenschutz für diese wunderschöne Terrasse.*

## Grüne Schattenspender – Bäume und Sträucher

Bäume, Sträucher und Kletterpflanzen sind die idealen Schattenspender. Im Sommer spenden sie kühlenden Schatten, im Winter wird ihre Aststruktur lichtdurchlässig. Am besten eignen sich Bäume und Sträucher, die durch Schnitt gut formbar sind. Auch Kletterpflanzen, die an einem Rahmen entlangwachsen können, bilden einen grünen Sonnenschutz. Insbesondere Kletterpflanzen sind oft starkwüchsig und müssen daher regelmäßig geschnitten, die meisten Sorten sollten zudem auch angebunden werden. Das Foto rechts zeigt einen Wein, der entlang dünner Stahlseile geführt wird. Dazu sollte in jedem Fall ein rostfreier Stahldraht mit ebensolchen Spannern verwendet werden. Zur Befestigung eignen sich vorzugsweise Keilbolzen, so dass Sie den Stahldraht sehr straff spannen können. Noch ein Tipp: Schneiden Sie alle Nebenzweige, die aus dem Grundstamm wachsen, jährlich im Dezember bis auf ungefähr 3 Knospen zurück. So erhalten Sie vom Ausschlagen der Blätter im April bis in den Oktober hinein ein dichtes Blätterdach als Sonnenschutz.

Ein seit jeher beliebter Sonnenschutz vor Fassaden sind Linden (Seite 151). Auch heute noch werden sie vielfach als Spalierbäume verwendet. Aber auch andere Sorten lassen sich gut zu diesem Zweck formen. Die Äste eines Spalierbaums können in vertikaler Ebene geschnitten werden. Dadurch erhält der Baum eine Schirmform, die ausreichend Schatten auf eine Fassade wirft. Die Zweige können auch in einer horizontalen Ebene geformt werden, so entsteht eine Art Sonnenschirmform (Seite 116). Oftmals werden Platanen in diese Form geschnitten. Die Zweige werden, wenn sie noch biegsam sind, an einen hölzernen oder metallenen Rahmen gebunden. Dies kann durchaus in verschiedenen Etagen vorgenommen werden. Zweige, die in die Höhe wachsen, werden jährlich abgeschnitten. Wie groß der Sonnenschirm wird, bestimmen Sie selbst, indem Sie die Äste auf die gewünschte Länge kürzen. Sorten, die für diese Schnittmethode geeignet sind, sind der Schwarze Maulbeerbaum (*Morus nigra*), *Morus alba* und *Morus alba* 'Macrophylla' mit größerem, eingeschnittenem Blatt und der Trompetenbaum

*Die Weinranken, die an den gespannten Stahldrähten entlangwachsen, vermitteln das Ambiente einer modernen Laube.*

*Catalpa bignonioides*. Es gibt auch Bäume, die von Natur aus in Laubenform wachsen, wie die Hänge-Ulme *Ulmus glabra* 'Camperdownii', die Hänge-Esche *Fraxinus excelsior* 'Pendula', die Hängende Weidenblättrige Birne *Pyrus salcicifolia* 'Pendula' und die Trauerbirke *Betula pendula* 'Youngii'.

Das Foto links zeigt eine ganz besonders hübsche Variante einer „lebenden Laube". Vier Bäumchen mit ineinander gewachsenen Kronen stehen am Rand der runden Terrasse. Darunter lässt sich ein gemütlicher, kleiner Sitzplatz einrichten. Geeignete Sorten für den Schatten spendenden Sonnenschirmschnitt sind beispielsweise die abgebildete Mehlbeere (*Sorbus aria*) mit graugrünen Blättern, aber auch Platanen, Birken, Maulbeerbäume und Linden. Die rechts abgebildete Terrasse liegt unweit vom Haus in einem geräumigen Hofbereich, der durch die großzügig angelegten Kiesflächen (Safarisplitt) und die niedrige Beetbepflanzung sehr offen und übersichtlich wirkt. An der Terrasse stehen sechs Dachplatanen, die im Sommer für ein dichtes, Schatten spendendes Blätterdach sorgen. In die Kiesflächen sind Spots eingelassen, so dass die Platanen abends von unten angestrahlt werden können. Der große, schwere Steintisch rundet das einladende Ensemble ab und bildet einen schönen Kontrast zu der Leichtigkeit und Natürlichkeit der Dachplatanen.

*Eine lebende Laube dient als Sonnenschirm über dieser romantischen Terrasse. Die Kronen der vier Mehlbeeren (Sorbus aria) wachsen ineinander und formen so den Sonnenschutz.*

*Auf dieser Kiesterrasse sorgen Dachplatanen für angenehmen Schatten und unterstützen gleichzeitig die Großzügigkeit der Hofanlage.*

*Die wintergrüne Stechpalme im großen Kübel und das mit Efeu begrünte Spalier schützen die Dachterrasse vor Einblicken und erhalten die Privatsphäre.*

## Mobiler Sichtschutz – Kübelpflanzen

Eine Art mobilen Sichtschutz bieten Pflanzen in Töpfen und Kübeln; sie können dorthin gerückt werden, wo Blicke unerwünscht sind oder unattraktive Ausblicke bestehen. Als Kübelpflanzen eignen sich beinahe alle Gartenstauden, auch Sträucher und Bäume lassen sich in geräumigen Kübeln halten. Immergrüne Stauden erfüllen ihre Funktion sogar das gesamte Jahr über und bieten im Winter einen grünen Blick nach draußen. Kübelpflanzen sind aber auch eine ideale Lösung für den Dachgarten, links im Bild. Eine Stechpalme *(Ilex)* als Hochstamm und das mit Efeu bewachsene Spalier halten Einblicke ab. Immergrüne Sträucher, die für Kübel geeignet sind, sind u. a. Portugiesischer Kirschlorbeer *(Prunus lusitanica)*, Buchsbaum *(Buxus)*, Eibe *(Taxus)*, Koniferen wie Kiefer *(Pinus)* sowie Bambus und Glanzmispel *(Photinia)*. Aber auch Sorten, die ihre Blätter verlieren, sind ausgezeichnete Kübelpflanzen, wie Buche *(Fagus)*, Hainbuche *(Carpinus)*, Hartriegel *(Cornus)*, Kletterrosen und Blauregen *(Wisteria)*. Unser Tipp: Schneiden Sie die Sträucher in Form, so bleiben sie kompakt und nehmen nicht soviel Platz ein.

Je nach Größe und Umfang der Pflanze können Kübelpflanzen natürlich ziemlich schwer werden. Damit sie dennoch ohne Probleme ins Winterlager gebracht oder auf der Terrasse umgesetzt werden können, greift man einfach zu kräftigen Stöcken, die durch die Griffe – soweit vorhanden – gesteckt werden, so lassen sich die Kübel mit mehreren Personen gut anheben. Sollten keine Handgriffe am Kübel sein, eignet sich auch ein kräftiges Trageband aus Tauwerk mit zwei stabilen Holzstäben oder aber eine kleine Sackkarre – falls vorhanden. Kleinere, leichtere Kübel stellt man am besten auf Untersetzer, die mit kleinen Rollen versehen sind, so können sie leicht von einem Standort zum nächsten gerollt werden. Übrigens, sorgen Sie bei Kübelpflanzen immer für eine ausreichende Wasserableitung, so dass keine Staunässe entsteht. Sie können es nicht gut vertragen, fortwährend in feuchter Erde zu stehen.

**Manche mögen's heiß**

Viele dekorative Kübelpflanzen stammen ursprünglich aus wärmeren Klimaten. Sie sind frostempfindlich und müssen daher in der kalten Jahreszeit entsprechend geschützt werden. Kräftige Kübelpflanzen, die auch ein paar Grad Frost vertragen können, sind Lorbeer *(Laurus)*, Sternjasmin *(Trachelospermum)* und Palmen wie *Chamaerops* und *Trachycarpus*. Feige, Zylinderputzer *(Callistemon)* und Oleander hingegen sollten in einem hellen Raum bei 3 bis 8 Grad überwintern. Afrikanische Schmucklilie *(Agapanthus)*, Bleiwurz *(Plumbago)* und Granatapfel *(Punica)* sind da weniger anspruchsvoll und können in dunklen Räumen bei 3 bis 8 Grad überwintern. Einige attraktive, nicht winterfeste Kletterpflanzen können auch gut in Kübel gepflanzt werden, sollten aber mit einem Stab oder Kletterelement gestützt werden. Geeignete Sorten sind *Bougainvillea*-Hybriden, Echter Jasmin *(Jasminum officinale)*, *Mandevilla × amabilis*, Bleiwurz *(Plumbago auriculata)*, Chilenischer Kartoffelbaum *(Solanum crispum)* und Sternjasmin *(Trachelospermum jasminoides)*. Aber auch hier bitte an den entsprechenden Winterschutz denken.

Ab der zweiten Oktoberhälfte ist mit den ersten Nachtfrösten zu rechnen, so dass um diese Zeit die nicht winterfesten Kübelpflanzen hereingeholt werden sollten. Als Faustregel gilt: Blatthaltende Pflanzen brauchen Licht, blattverlierende können in dunklen Räumen überwintern. Schneiden Sie lange Zweige ab, um Platz zu sparen. Stellen Sie die Pflanzen in einen kühlen Raum (zwischen 5 und 15 Grad), etwa

*Buchen, die hier in Form geschnitten wurden, bilden einen grünen Schirm, der Einblicke verhindert. Die hölzernen Kübel sind mit Handgriffen versehen, so dass man sie mit zwei Personen umstellen kann.*

*Exotische Kletterpflanzen eignen sich ideal als Kübelpflanzen. Von links nach rechts: Jasmin (Jasminum officinale), Sternjasmin (Trachelospermum jasminoides) und Weißer Bleiwurz (Plumbago auriculata 'Alba'). Die Blüten beider Jasminsorten verbreiten einen herrlichen Duft.*

*Die Reihe der in Kugelform geschnittenen Buchsbäumchen ist ein gestalterisches Element und setzt einen deutlichen Akzent in dem formal angelegten Garten.*

einen kühlen Keller oder Dachboden oder – wer darüber verfügt – eine Scheune, ein kühles Gewächshaus oder ein beheiztes Treibhaus. Die Temperatur sollte mit einem Thermometer kontrolliert werden. Halten Sie die Blumenerde nur mäßig feucht. Es ist wichtig, regelmäßig zu prüfen, ob der Wurzelballen ausgetrocknet ist, die Blätter braun werden oder vielleicht Läuse an den Pflanzen sind. Wohl die wenigsten Gärtner können ihren Kübelpflanzen die optimalen Überwinterungsbedingungen bieten. Aber seien Sie beruhigt, kräftige Sorten werden es trotzdem überleben. Schneiden Sie sie im Frühjahr stark zurück und erfreuen Sie sich einfach an dem frischen, jungen Austrieb.

Im Mai können Sie das Winterlager endlich wieder räumen und die Kübel nach draußen stellen, sollten aber dennoch die Witterungsverhältnisse auf jeden Fall im Auge behalten. Denn schon ein kleiner Nachtfrost kann bereits viel Schaden an Ihren Pflanzen anrichten. Daher: Wickeln sie die Pflanzen für diesen Fall in schützende Jute oder in Noppenfolie ein. Aber auch zuviel Sonne kann schaden, setzen Sie die jungen Triebe nicht direkt dem grellen Sonnenlicht aus, da sie sonst schnell verbrennen können. Da sich die Pflanzen jetzt in der Wachstumsperiode befinden, ist reichlich Nährstoffzugabe erforderlich. Gönnen Sie Ihren Pflanzen, wenn nötig, größere Töpfe mit frischer Blumenerde, geben Sie flüssigen Dünger mit ins Gießwasser, stutzen Sie verdorrte Zweige und entfernen Sie trockenes Blattwerk. So sind die Pflanzen bestens auf die nahende Saison vorbereitet.

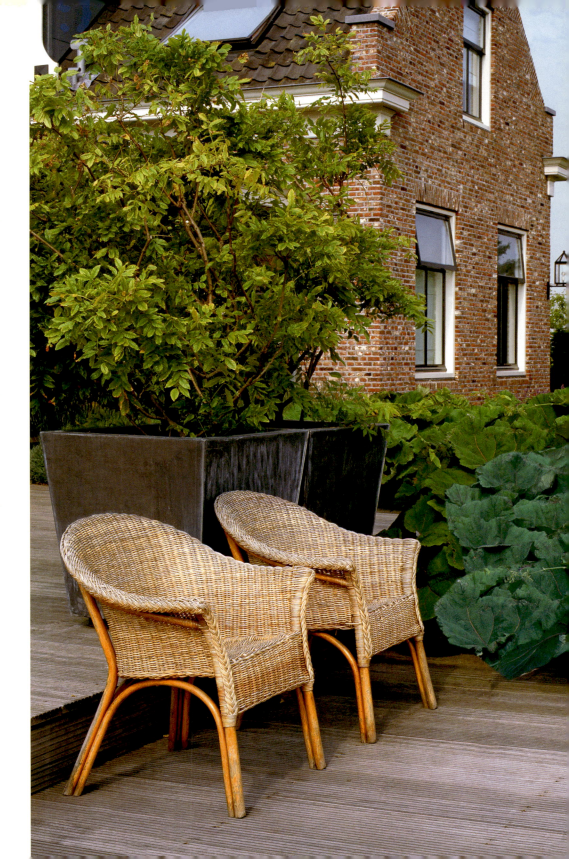

*Zwei große Zinkgefäße, mit Blauregen (Wisteria) gefüllt, verhindern den Einblick auf die Terrasse. Der Blauregen kann auch eigenständig stehen, benötigt aber Halt, bis die Zweige dick genug sind.*

*Die Abtrennung besteht aus galvanisiertem Betondrahtgitter. Sie ist eine ideale Stütze für die Kletterpflanzen und wird in einigen Jahren nicht mehr zu sehen sein.*

### Blühende Lauben und Wände

Im links abgebildeten Garten sind auf der Grenze zum Nachbargarten galvanisierte Drahtgitter aufgestellt. Im Nachbargarten steht ein hölzerner Zaun, der mit Spalieren erhöht ist, sowie eine fächerförmige Pergola. Ziel ist es, dass die Gitterwand im Lauf der Zeit ganz dicht mit Efeu und Waldrebe (*Clematis*) zuwächst, so dass kein Einblick mehr möglich ist. Vor allem immergrüne Kletterpflanzen sind hier geeignet, zum Beispiel Efeu *(Hedera)* und Pfaffenhütchen *(Euonymus)*.

Im Garten rechts wurde der Goldregen *(Laburnum)* flach entlang eines speziell hierfür entworfenen Metallgestells geführt. Die Zweige des Goldregens sind gut formbar, besonders in der Blütezeit Mai/Juni erhält man somit einen schönen Sichtschutz. Goldregen ist ein blattverlierender Strauch, im Winter können Einblicke daher nicht verhindert werden.

### Wände aus lebenden Weidenruten

Was beim Weidenrutenzaun noch unerwünscht war, ist hier gewollt: Wenn frische, lebende Weidenruten in die Erde gesteckt werden, treiben sie schnell Wurzeln und Knospen. Die Zweige können auf verschiedene Weise geflochten werden, so dass eine grüne Spalierwand entsteht. Regelmäßiges Schneiden ist notwendig, da die Wand sonst zu breit wird. Die Ruten stammen von Silberweiden oder von speziell gezüchteten Weidensträuchern. Im Winter (bis Ende März) werden die Zweige geschnitten und sollten danach so schnell wie möglich verarbeitet werden.

Eine Trennwand aus Weidenruten ist sehr unkompliziert in der Herstellung. Zuerst wird mit Hilfe eines Pfahlbohrers eine Reihe von Löchern in den Boden gebohrt. Diese Löcher werden mit Blumenerde gefüllt. Blumenerde hält die Feuchtigkeit und enthält zudem auch etwas Stallmist. Die Unterseite der Weidenruten vor dem

*Die Zweige des Goldregens (Laburnum) wachsen entlang eines Metallgestells. Der Goldregen ist nicht wintergrün, im Winter besteht daher kein Sichtschutz.*

*Eine Laube aus lebenden Weidenruten, die sehr schnell wurzeln und einfach zu einer Laube oder einem Zaun zu flechten sind; regelmäßiges Schneiden ist nötig, um das Flechtwerk in Form zu halten.*

Stecken gut anschneiden. Damit sie später einwurzeln, sollten sie möglichst frisch geschnitten werden (November bis März). Dann werden die Ruten schräg und über Kreuz in die Bodenlöcher gesteckt, etwa 30 cm tief. Die Zweige werden da, wo sie sich berühren, mit dünnen Weidenästchen oder Kordel zusammengebunden. Im Laufe der Zeit verwachsen sie miteinander und werden besonders fest. Wenn der Boden trocken ist, sofort mit Wasser angießen. Nach einiger Zeit fangen die Blätter an zu sprießen. Wer eine Weide bei sich im Garten hat, hat sicherlich schon beobachten können, wie schnell diese Pflanze austreibt. Junge Zweige können Sie wachsen lassen und durch den Weidenzaun hindurch flechten, so wird er immer stabiler. Möchten Sie einen kompakten „Zaun", schneiden Sie die Wand mit einer Heckenschere in Form. Für beide Arbeiten ist der Winter die beste Zeit. Auf diese Weise ist eine Weidenwand auch für einen kleinen Garten geeignet. Wenn kein starkes Wachstum erwünscht ist, sollten Sie langsam wachsende Varietäten wählen. Bei einer Varietät mit unterschiedlicher Rindenfärbung haben Sie auch im Winter einen schönen Effekt.

**Kreativ mit Weidenruten**

Aus langen Weidenzweigen können Sie schnell und einfach einen Wigwam für Kinder oder eine romantische Laube bauen, wie links abgebildet. Legen Sie zunächst den Umriss fest, bohren Sie Löcher vor und stecken Sie dann die Zweige einfach schräg in den Boden. Binden Sie die Enden mit einem dünnen Zweig oder einem Stück Kordel aneinander. Durch regelmäßiges Nachschneiden bleiben Wigwam und Laube kompakt und die Form wird zusätzlich akzentuiert.

Frische Weidenruten sind meist geschmeidig und können abhängig von ihrer Stärke gut geflochten werden. Wenn die Weidenruten horizontal angebracht werden und nicht mit dem Boden in Kontakt kommen, werden sie braun. Mit unterschiedlich dicken Zweigen oder der Bündelung von mehreren dünnen Zweigen können nette

Muster geflochten werden. Es ist auch möglich, erst Winterstecklinge aus den Weidenruten zu ziehen, um junge Sträucher zu züchten. Wenn Sie an jedem Strauch zwei lange Triebe stehen lassen, können Sie diese entsprechend verflechten.

Mit Weidenruten und Heckenpflanzen, beispielsweise Weißdorn *(Crataegus),* Hasel *(Corylus),* Hainbuche *(Carpinus),* Eiche *(Quercus)* und Linde *(Tilia)* kann auch Flechtwerk hergestellt werden. Die Zweige der Heckenpflanzen werden dann schräg zwischen die vertikal platzierten Weidenruten geflochten. An der Oberseite halten horizontal angeordnete Weidenruten das Geflecht zusammen, eine sehr dekorative Variante.

Geeignete Weidenvarietäten sind:
Ägyptische Weide, *Salix aegyptiaca* (lilabraune Rinde, blaugrünes Blatt, für mittelgroße Strukturen)
Silberweide, *Salix alba* ssp. *vitellina* (gelbe Rinde, für große Strukturen)
Kegelförmige Silberweide, *Salix alba* 'Chermesina' (gelbrote Zweige, für mittelgroße Strukturen)
Salweide, *Salix × hungarica* (lilabraune Rinde, für mittelgroße Strukturen)
Korbweide, *Salix viminalis* 'Black Osier' (dunkle Rinde, für große Strukturen)

*Die Englische Kletterrose 'Leander' hat gefüllte, stark duftende Blüten und blüht ziemlich lange bis in den Herbst. Rechts die überschwänglich blühende Rosa 'Phyllis Bide', die von einem Holzzaun gestützt wird.*

# Praxisteil

## Kletterrosen

Rosenliebhaber schätzen sie: große Blüten in herrlichen Farben, lange Blühdauer und ein herrlicher Duft. Die großblütigen Kletterrosen brauchen ein wenig Pflege, dafür sind sie, wenn sie eine Pergola oder einen Rosenbogen schmücken, ein traumhafter Anblick. Die Auswahl scheint groß, ist aber tatsächlich recht begrenzt. Von einer Kletterrose hat man lange etwas, deshalb sollten Sie sich während der Blütezeit die schönste Sorte bei einem Rosenzüchter aussuchen. Ende Juni ist eine gute Zeit, prüfen Sie aber nochmals im September, ob die Rose gut durchblüht.

Kletterrosen sind in zwei Gruppen einzuteilen. Großblütige Kletterrosen bilden die bedeutendste Gruppe, Rankrosen sind kleinblütige, einmal blühende Kletterrosen. Die großblütigen Kletterrosen haben große, meist gefüllte Blüten, die ab Mitte Juni erscheinen. Nach der Hauptblüte bilden sie weitere Blüten aus, meist bis zu den ersten Nachtfrösten. Es gibt allerdings auch einige alte Rosensorten, die nicht durchblühen. So schön Form und Farbe der Blüten sind, die großblütigen Kletterrosen duften leider nur mäßig. Bis auf einige lange Hauptzweige werden alle Seitentriebe im Winter bis auf 10 cm abgeschnitten. Rankrosen treiben enorm lange Zweige aus und können daher gut in Bäumen geführt werden. Sie nehmen viel Platz ein und blühen recht kurz (Juni), daher sind sie eher für einen großen Garten geeignet. Ein einzelner Strauch kann bis zu 10 Quadratmeter in Anspruch nehmen. Ihre Blüte ist dafür wahrhaftig atemberaubend, im Herbst bilden sie meist rote Hagebutten aus. Durch ihren wilden Wuchs und die spitzen Dornen ist das Schneiden eher lästig, Sie sollten Rankrosen daher am besten einfach sich selbst überlassen.

*Rosa* **'Mme Gregoire Staechelin', Rankrose.** Diese Rankrose hat ziemlich große, reich gefüllte Blüten in einer hübschen Rosé-Tönung. Sie ist stark im Wuchs und kann gut 6 m hoch klettern, daher für Bäume geeignet. Blüht einmal im Juni. Andere Rankrosen mit recht großen Blüten sind beispielsweise 'Albertine' (hellrosé bis lachsfarben), 'Alberic Barbier' (cremeweiß, gelbe Knospen), 'Alexander Girault' (rosé), 'May Queen' (zartrosa) und 'Emily Gray' (hellgelb).

*Rosa* **'Leander', Englische Rose.** Sie ist eine der schönen Englischen Rosen, mit üppig gefüllten, duftenden Blüten. Sie bildet einen großen Strauch, der entlang einer Mauer oder in einem Baum bis zu 3,50 m klettern kann. Die Blüten sind pastellfarben, von aprikosengelb bis zu warm-rosé. Blüht gut durch bis in den Herbst. Andere als Kletterrosen verwendbare Englische Rosen: 'Abraham Darby' (pastellrosa, apricot und gelb), 'Constance Spry' (rosé) und 'Teasing Georgia' (gelb).

*Rosa* **'American Pillar', Rankrose.** Sie ist eine der bekanntesten Kletterrosen. Die einfachen, hellrosafarbenen Blüten haben ein weißes Auge. Eine sehr robuste Rose, die kaum Last mit den bekannten Rosenkrankheiten hat. Sie kann auch gut an einem Zaun entlang geleitet werden, wie auf dem Bild zu sehen ist. Regelmäßiger Rückschnitt ist allerdings notwendig. Blüht einmal im Juni.

*Rosa* **'Blush Rambler', Rankrose.** Eine typische Rankrose mit kleinen, schalenförmigen Blüten in einem zartrosa Ton, die Knospen sind dunkler gefärbt. Die Blüten verbreiten einen herrlichen Duft. Dieser stark wachsende Strauch kann bis zu 5 m hoch klettern. Blüht einmal im Juni. Andere reich blühende Rankrosen mit kleinen, gefüllten Blüten sind 'Bleu Magenta' (violett), 'Bobbie James' (weiß), 'Crimson Shower' (kräftig rosa), 'Paul's Himalayan Musk' (rosa, duftend) und 'Rambling Rector' (weiß, duftend).

*Rosa* **'Westerland', großblütige Kletterrose.** Eine starke, durchblühende Kletterrose mit halbgefüllten, rosafarbenen Blüten, die sich orange verfärben. Sie sitzen in Trauben beieinander und verbreiten einen herrlichen Duft. Die Zweige können bis zu 3 m hoch klettern. Andere Durchblüher in warmen Farbtönen sind 'Climbing Crimson Glory' (rot), 'Altissimo' (rot, einzelne Blüten), 'Compassion' (lachsrosa) und 'Maigold' (bronzegelb).

*Rosa* **'Bantry Bay', großblütige Kletterrose.** Sie ist eine der am besten geeigneten Kletterrosen, der Strauch ist stark und blüht in dicken Trauben ungewöhnlich voll mit halbgefüllten, rosafarbenen Blüten. Meist gibt es eine üppige zweite Blüte. Die Zweige werden ungefähr 3 m lang und sind einfach zu führen. Vergleichbare Kletterrosen mit rosa Blüten sind beispielsweise 'Aloha' (große, schalenförmige Blüte), 'Blairii No. 2' (Bourbonrose mit dicken, gefüllten Blüten), 'Pink Cloud' (kräftigrosa) und 'Coral Dawn' (korallenrosé).

*Rosa* **'China Town', großblütige Kletterrose.** Eine der wenigen Kletterrosen mit zartgelben Blüten. Blüten dick gefüllt, duften nach Pfirsich. Ein guter Durchblüher, die Zweige sind störrisch und daher weniger gut zu leiten. Bis 2,50 m hoch. Weitere gelbe Kletterrosen sind 'Climbing Lady Hillingdon' (warmgelb, lockere Blüten), 'Desprez á Fleur Jaune' (zart orangegelb, altmodisch gefüllt), 'Golden Shower' (heller gelb, stark) und 'Highfield' (gelb). Die beste weiße Kletterrose ist 'Climbing Schneewittchen'.

*Rosa* **'Alchymist', großblütige Kletterrose.** Eine robuste Kletterrose mit Zweigen, die bis 4,50 m hoch wachsen. Altmodische, dick gefüllte Blüten in zwei Pastelltönen. Innen kräftig rosa bis lachsfarben, äußere Blütenblätter hellgelb. Blüht früh und verbreitet einen herrlichen Duft. Andere Kletterrosen mit dick gefüllten Blüten sind unter anderem 'Swan Lake' (weiß), 'Fantin Latour' (hellrosé) und 'Gloire de Dijon' (zartgelb).

133

*Links: Eine gelb blühende Waldrebe, Clematis (Tangutica-Gruppe) 'Bill MacKenzie', verziert den Eingang dieses Gartens. Den orangegelben Blüten folgen später silberne Samenfäden.*

*Rechts: das Waldgeißblatt Lonicera periclymenum 'Serotina'.*

### *Clematis* und *Lonicera*

*Clematis*, auch Waldrebe genannt, ist wegen ihrer elegant geformten, farbigen Blüten sehr beliebt. Man unterteilt sie in drei Gruppen: die kleinblütigen Frühjahrsblüher, die kleinblütigen Sommerblüher und die großblütigen Waldreben.

Bei der Züchtung der *Clematis* kann die Verwelkungskrankheit ein Problem werden: Durch Schimmel verursacht fängt das Blatt an, braun zu werden. Im schlimmsten Fall stirbt die Pflanze sogar ab. Dabei scheinen der begrenzte Umfang des Wurzelwerks zusammen mit einem großen Wasserbedürfnis der Pflanzen kurz vor der Blüte den Schimmel zu stimulieren. Durch Wassermangel entstehen Luftblasen im Stängel, die den Schimmel begünstigen. Warme und trockene Standorte, etwa an einer Fassade, sowie ein geringer Humusanteil im Boden sind optimale Bedingungen für Schimmel. Eine ausreichende Wasserzufuhr und ein kühler, humusreicher Boden können das Problem lösen. Die kleinblütigen Sorten sind übrigens nicht so anfällig für die Verwelkungskrankheit wie die großblütigen.

Die Waldrebe lässt sich übrigens hervorragend mit den meisten Kletterrosen kombinieren. Bei gleicher Blütezeit lassen sich schöne Farbkombinationen erzielen. Wenn Sie unterschiedliche Zeiten wählen, verlängert sich die Blütesaison und Sie erhalten einen herrlich blühenden Blickfang in Ihrem Garten.

Das bekannteste Geißblattgewächs ist die rechts abgebildete *Lonicera periclymenum* 'Serotina'. Die Pflanze ist sehr kräftig, sie blüht reichhaltig und ausdauernd. Zudem hat sie einen angenehmen Duft. Erkundigen Sie sich auch nach anderen Geißblattpflanzen, es gibt sehr viele attraktive Sorten mit Blüten in Gelb-, Orange- oder Rottönen. Das Japanische Geißblatt (*Lonicera japonicum*) ist sogar halb wintergrün. Das Geißblatt gehört zu den Schlingpflanzen, die Zweige können also an einer Pergola oder einem Kletterelement, einem niedrigen Zaun oder einem Spalier ranken.

## Clematis

***Clematis* (Tangutica-Gruppe) 'Bill MacKenzie', Waldrebe.** Kleine Glöckchen aus gelben Blütenblättern, hellgrüne Blätter. Nach der Blüte schöne, silberne Samenfasern. 'Aureolin' hat größere Blüten; 'Bill MacKenzie' etwas größere Blüten und gelbliche Samenfasern; bei 'My Angel' sind die gelben Blüten an der Außenseite rotviolett; 'Orange Peel' hat kräftige, orangegelbe Blütenblätter, große Blüten. Bei Bedarf im Frühjahr zurückschneiden. Sonne/Halbschatten, Höhe bis 3 m, Blüte Juni bis September.

***Clematis* (Viticella-Gruppe) 'Margot Koster', Waldrebe.** Die Viticella-Gruppe hat allgemein etwas kleinere Blüten mit schmalen Blütenblättern. Sie sind weniger empfindlich für die Verwelkungskrankheit. Andere Sorten aus dieser Gruppe sind 'Betty Corning' (glockenförmige Blüten in zart violettem Farbton, Blüte Juli bis September), 'Etoile Violette' (mittelgroße, violette Blüten, Juli bis September) und 'Huldine' (weiß, Juli bis September). Die wilde Sorte *Cl. viticella* hat feine, nickende, violette Blüten. Im Frühjahr zurückschneiden. Sonne/Halbschatten, Höhe bis 4 m, Blüte Juli bis September.

***Clematis* (Atragene-Gruppe) 'Maidwell Hall', Waldrebe.** Diese frühblühende Waldrebe wurde früher zur Sorte *Cl. macropetala* gerechnet. Hübsche, kleinblütige Waldrebe, hängende Blütenglöckchen im Frühjahr, gefolgt von schönen Samenfasern. Sehr winterfest, mit etwas Hilfe ein guter Baumkletterer. 'Markham's Pink' ist hell-rotviolett, 'Rosy O'Grady' hellviolett, 'White Swan' weiß. Weiterer kleinblütiger Frühblüher: *Cl. montana*. Sonne/Halbschatten, Höhe bis 3 m, Blüte Mai/Juni.

***Clematis* (Patens-Gruppe) 'Masquerade', Waldrebe,** Frühblüher mit großen Blüten. Schwieriger zu züchten als die genannten Waldreben. Sorten aus dieser Gruppe sind 'Barbara Jackman' (violett), 'Dr. Ruppel' (violett, dunklerer Mittelstreifen), 'Miss Bateman' (weiß mit rotvioletten Staubfäden) und 'Nelly Moser' (hell-veilchenblauviolette Blüten mit dunklerem Streifen). Nach der Blüte leicht zurückschneiden. Sonne/Halbschatten, Höhe bis 3 m, Blüte Mai/Juni (häufig Nachblüte im August).

## Lonicera, Akebia, Actinidia

***Lonicera* × *tellmanniana* 'Joan Sayer', Goldgeißblatt.** Starkwachsende Kletterpflanze, die gut entlang einer Pergola oder eines Spalierschirms geführt werden kann. Das Blatt ist an der Unterseite weiß bereift, die obersten Blattpaare sind verwachsen. Blüten gelborange, stehen in Kränzen. Leider mäßig winterfest, aber sehr schön. Sonne oder Halbschatten, Höhe bis 4 m, Blüte Mai/Juni.

***Lonicera* × *brownii* 'Dropmore Scarlet', Rote Heckenkirsche.** Dies ist eine blattverlierende Kletterpflanze mit langen, röhrenförmigen Blütentrauben, leider duften sie nicht. Die jungen Zweige sind rosa gefärbt. 'Dropmore Scarlet' ist die beste Sorte mit roten Blüten, 'Fuchsioides' ist sehr ähnlich, aber nicht so robust. Sehr lange Blühperiode. Sonne oder Halbschatten, Höhe bis 3 m, Blüte Mai bis August.

***Akebia quinata*, Klettergurke.** Eine weniger bekannte, aber sehr schöne Kletterpflanze, die auch etwas Schatten verträgt. Die Zweige winden sich überall herum, eignen sich vor allem entlang einer Pergola, eines Zauns, eines Kletterelements oder in einem Strauch, weniger geeignet für Mauern. In milden Wintern immergrün, regelmäßig ausdünnen. Das Blatt ist handförmig zusammengesetzt, stets 5 Blätter beieinander, im Frühjahr bilden sich besonders geformte Blüten in einem sehr dunklen, rotvioletten Farbton. Die weiblichen Blüten befinden sich an der Basis, an der Spitze des Blütenstängels sitzen die kleineren männlichen Blüten. Sonne oder Halbschatten, Höhe bis 6 m, Blüte im April/Mai.

***Actinidia kolomikta*, Schmuckblatt-Kiwi.** Schöne Kletterpflanze aus der Familie der Kiwi *(Actinidia deliciosa)*. Der Zierwert liegt vornehmlich im Blatt, die Wuchskraft ist nicht so stark. Geschützte Standorte, am liebsten an einer Südmauer, gut durchlässiger, humusreicher Boden. Das eiförmige, leicht angespitze Blatt ist häufig bis zur Mitte weiß oder rotviolett gefärbt. Die weißen Blüten duften herrlich, in warmen Sommern folgen grüngelbe Früchte. Sonne, Höhe bis 4 m, Blüte im Juni.

### Aristolochia, Campsis, Euonymus, Fallopia

*Aristolochia durior,* **Pfeifenwinde.** Diese Kletterpflanze wählt man wegen des großen, herzförmigen Blatts, die kleinen Blüten sind nicht so auffallend. Ein dekorativer Kletterer für Pergola oder Zaun. Die pfeifenförmigen Blüten sind grüngelb gefärbt, die Innenseite ist violett. Das Blatt kann bis zu 30 cm lang werden. Eventuell nach der Blüte ausdünnen. Sonne oder Halbschatten, Höhe bis 10 m, Blüte Juni bis August.

*Campsis radicans,* **Trompetenwinde.** Diese subtropische Kletterpflanze ist nur geeignet für geschützte, sonnige Standorte, beispielsweise an einer Südmauer. Schöne, trompetenförmige Blüten in auffallend reinem Rot an langen, überhängenden Zweigen. 'Flava' hat hell-orangefarbene Blüten, die Sorte 'Florida' blüht etwas früher. *Campsis × tagliabuana* 'Mme Galen' blüht ab Juli mit größeren, orangeroten Blüten. Sonne oder Halbschatten, Höhe bis 12 m, Blüte im August/September.

*Euonymus fortunei,* **Pfaffenhütchen.** Ein kriechender oder kletternder, blatthaltender Strauch, von dem meist bunte Sorten angepflanzt werden. Bildet Haftwurzeln, mit denen er sich an Mauern festhält. Ebenso ein geeigneter Bodendecker, beispielsweise für Böschungen. 'Emerald Gaiety' hat recht große, weißgeränderte Blätter, auch als Heckenpflanze geeignet; 'Emerald 'n' Gold' hat kleine, gelbbunte Blätter; 'Sunshine' ist gut im Wuchs mit gelbgeränderten Blättern. Sonne oder Halbschatten, bis 5 m, Blüte Mai/Juni.

*Fallopia aubertii,* **Schlingknöterich.** Bekannte, sehr schnell wachsende Schlingpflanze. Blüht lange, der schleppenartige Wuchs wirkt im Winter ziemlich ungeordnet. Die Zweige sind nicht selbsthaftend. Herzförmige Blätter, bis 10 cm lang, kleine, weiße Blüten in Rispen. Kann in einem Jahr 3 m wachsen, eine Höhe von 12 m ist keine Seltenheit. Schneiden – am besten im Frühjahr – ist nur notwendig, wenn die Pflanze zu groß wird. Sonne oder Halbschatten, Höhe bis 6 m und mehr, Blüte Juli bis September.

### Hedera, Humulus, Hydrangea

**Hedera helix, Efeu.** Diese starke, immergrüne Kletterpflanze ist als Begrünung von Mauern und Zäunen unverzichtbar. Die stark wachsenden Zweige haben Haftwurzeln und ziehen sich damit in die Höhe. Glänzend-grünes und gelapptes Blatt, die grünen Blüten stehen in kugelförmigen Rispen und locken Insekten an. Später schwarze Früchte. 'Baltica' hat kleine, dunkelgrüne Blätter, sehr winterfest und resistent, 'Goldheart' hat einen grüngelben Fleck auf dem Blatt. Eventuell im April zurückschneiden. Sonne/Halbschatten, Höhe bis 20 m, Blüte August bis Oktober. *Hedera colchica,* der Georgische Efeu, Kletterer mit großem, gelapptem Blatt, bis 18 cm lang, eine schöne Sorte, aber weniger winterfest als *H. helix*. Bei 'Dentata Variegata' ist das Blatt weißbunt. Höhe bis 5 m. *Hedera hibernica* ist der Irische Efeu, ähnelt *H. helix*. Winterfeste Pflanze mit weniger gelapptem Blatt und recht großen Blütenrispen. Höhe bis 20 m.

**Humulus lupulus, Hopfen.** Hopfen ist eine sehr kräftige Kletterpflanze, die stark wuchern kann. Die Hopfenfrüchte, bekannt aus der Bierbrauerei, sind sehr zierlich. Das Blatt ist rau und hat drei bis fünf Lappen. Die Blüten sind nicht auffällig, wohl aber die zierlichen, hellgrünen Früchte. Man kann sie gut trocknen. 'Nugget' trägt schöne, große „Zapfen". Bei 'Aureus' ist das Blatt prächtig grüngelb, wächst weniger stark. Sonne oder Halbschatten, Höhe bis 5 m, Blüte Juli/August.

**Hydrangea anomala ssp. petiolaris, Kletterhortensie.** Starke Kletterpflanze, sehr geeignet auch für die Nordseite einer Mauer. Die Zweige bilden Haftwurzeln, mit denen sie sich festhalten können, aber an glatten Steinen oder Holz benötigen sie Rankhilfe. Sie wächst mäßig, vor allem in den ersten Jahren sehr langsam. Das Blatt ist dunkelgrün, im Herbst verfärbt es sich gelb. Die Blüten sind weiß und stehen in Dolden: die kleinen fruchtbaren Blüten in der Mitte, die unfruchtbaren größeren am Rand. Sonne oder Halbschatten, Höhe bis 8 m, Blüte Juli/August.

### Lathyrus latifolius, Parthenocissus, Passiflora, Pyracantha

*Lathyrus latifolius,* **Breitblättrige Platterbse, Staudenwicke.** Schöne, beständige Kletterpflanze mit hell-rotvioletten Schmetterlingsblüten in Trauben, nicht duftend. Gegen strengen Frost schützen. 'Pink Pearl' hat hell-rotviolette Blüten, 'White Queen' weiße Blüten. Halbschatten, Höhe bis 2 m, Blüte Juni bis September. Edelwicke, *Lathyrus odoratus,* einjähriger Kletterer, einfach im April einsähen. Schnell wachsende Kletterpflanze mit langen, sich wickelnden Ranken. Die großen Schmetterlingsblüten verbreiten einen starken Duft. Sonne oder Halbschatten, Höhe bis 3 m, Blüte Juni bis September.

*Parthenocissus henryana,* **Jungfernrebe.** Stark wachsende Kletterpflanze, hält sich mit Haftwurzeln an Mauern und Zäunen. Im Herbst prächtig rote Blattfärbung. Jährlich im Frühling zurückschneiden. Die abgebildete Jungfernrebe, *P. henryana,* ist eine schöne, aber frostgefährdete Sorte, die nur an einem geschützten Platz gepflanzt werden kann. Höhe bis 5 m. *P. quinquefolia* ist die Wilde Jungfernrebe, die bekannteste Sorte, mit 5-geteiltem Blatt. Bei *P. tricuspidata* ist das glänzende Blatt ungeteilt mit drei spitzen Lappen. Sonne oder Halbschatten, Höhe bis 15 m, Blüte im April/Mai.

*Passiflora caerulea,* **Passionsblume.** Ist wegen ihrer prächtigen Blüte und natürlich auch wegen ihrer Früchte beliebt. Benötigt viel Wärme, verträgt keinen strengen Frost. Vorzugsweise an die Südseite einer Mauer pflanzen, im Winter gut abdecken. Im Mai zurückschneiden. *P. caerulea* ist winterfest. Hält sich mit kleinen Ranken, die sich überall herumwickeln. Sonne, Höhe bis 3 m, Blüte Juni bis September.

*Pyracantha coccinea,* **Feuerdorn.** Stacheliger Strauch, häufig an Fassaden. Seitenzweige im April zurückschneiden. Immergrünes Blatt, im Frühjahr weiße Blüten, später folgen orangefarbene Beeren. Auch als Hecke oder frei stehender Strauch. 'Golden Charmer' blüht reich, orangegelbe Beeren, 'Interrada' trägt rote, 'Orange Glow' orangefarbene Beeren, die lange hängen bleiben. Sonne/Halbschatten, Höhe 3 m, Blüte Mai/Juni.

### Rubus, Tropaeolum, Vitis, Wisteria

***Rubus phoenicolasius*, Japanische Weinbeere.** Stacheliger Kletterer, wird vor allem wegen seiner herrlich roten Früchte, die Himbeeren ähneln, angepflanzt. Sehr starke Pflanze, die überall gedeiht. Die Brombeere *(R. fruticosus)* und die Himbeere *(R. idaeus)* sind auch gute Kletterer, die obendrein köstliche Früchte tragen. Wählen Sie eventuell dornlose Sorten wie die Brombeere 'Thornless Evergreen'. Sonne oder Halbschatten, Höhe 2 m, Blüte Juni/Juli.

***Tropaeolum majus*, Kapuzinerkresse.** Schnell wachsende, einjährige Kletterpflanze; gelbe, orangefarbene oder rote Blüten, essbar. Lange, rankende Stängel, können an Busch oder Kletterelement wachsen. Klettert in einem Jahr bis zu 3 m, Blüte Juli bis Oktober. *Tropaeolum peregrinum* ist die Kanarische Kresse, stark wachsende Kletterpflanze mit kleinen Blättern und prächtigen, exotisch aussehenden, orangegelben Blüten.

***Vitis vinifera*, Echte Weinrebe.** Dekorative Kletterpflanze, Zweige können an Mauer, Zaun oder Pergola entlanggeleitet werden. Das Blatt ist gelappt und gezahnt, schön in der Form. Es gibt Sorten mit weißen und blauen Trauben, 'Purpurea' wirkt durch das grauviolette Blatt. Um Weihnachten werden alle Seitentriebe bis auf 2 Augen zurückgeschnitten. Sonne, Höhe bis 15 m, Blüte Juni/Juli. *Vitis coignetiae* ist eine Ziertraube, Höhe bis 12 m. Starker Kletterer mit großem, herzförmigem Blatt. Im Spätherbst bekommt das Blatt eine prächtige Herbstfarbe, rot bis rotviolett.

***Wisteria*, Blauregen.** Prächtige Kletterpflanze mit großer Wuchskraft. Die Zweige schlingen sich überall herum, ältere Zweige sprengen sogar Regenrohre. Duftende Schmetterlingsblüten in Rispen, violett oder weiß. Für eine üppige Blüte jährlich zweimal schneiden. *W. floribunda* aus Japan mit rechtswindenden Trieben, Blüte Mai/Juni. *W. sinensis* aus China, linkswindend, Blüte April/Mai. *W. × formosa*: Kreuzung, rechtswindend, Blüte April/Mai. Sonne/Halbschatten, Höhe bis 8 m.

*Links:* In diesem Garten halten Weiden den Blick aus dem Nachbargarten ab, die Bäume werden jedes Jahr gekappt, damit sie nicht zu groß werden.

*Rechts:* Ein sehr pflegeleichter Garten, in dem Steg, Findlinge, Ziergräser und Bambus die Hauptdarsteller sind. Dank des großen Chinaschilfs (Miscanthus sinensis 'Gracillimus') ist die Terrasse blickgeschützt.

## Ziergräser und Bambus

Ziergräser sind vor allem im Sommer und im Herbst sehr dekorativ. Viele Sorten blühen reichhaltig und bilden zierliche Blätter und Blütenhalme in strohgelb, rotbraun und sogar violett. Gräser sind entweder mit Rabattenpflanzen oder als Solitäre zu verwenden, in jedem Fall geben sie dem Garten eine natürliche Ausstrahlung. Auch in Kolonien gepflanzt haben Ziergräser eine ganz besondere Wirkung. Wegen der stattlichen Größe vieler Sorten bilden sie einen natürlichen Schutz vor Einblicken. Ziergräser sind sehr beständige Pflanzen, die meisten sterben im Winter oberhalb des Bodens ab, sie werden dann braun. Schneiden Sie die Stängel jedoch erst im Frühjahr ab, so dass Sie im Winter noch die schöne, verspielte Wintersilhouette genießen können.

Bambus ist ein zierlicher, immergrüner Strauch mit fantastischer Wirkung. Im Gegensatz zu den Ziergräsern bleibt das Blatt dieses Strauchs den ganzen Winter über grün. Er eignet sich als Hecke und ist auch eine ausgezeichnete Alternative zu Koniferen. Bambus ist als Wucherer bekannt, aber es gibt glücklicherweise viele Sorten, die sich allmählich mit kurzen Rhizomen ausbreiten und Horste bilden, statt lange Ausläufer zu entwickeln.

Ziersträucher und Bäume sterben im Gegensatz zu vielen anderen Pflanzen im Winter – überirdisch, versteht sich – nicht ab, so dass sie auch mit Raureif oder Schnee überzogen prachtvolle Elemente im winterlichen Garten darstellen. Immergrüne Sorten wirken sogar das gesamte Jahr als Sichtschutz, viele Zierhölzer wachsen auch gut in Töpfen und Kübeln. Die Äste und Zweige werden jedes Jahr kräftiger und länger und erfordern somit einen regelmäßigen Rückschnitt. Hölzerne Gewächse bilden daher den Rahmen eines Gartens, die richtige Sorten- und Standortwahl ist also eine extrem wichtige, weil langfristige Entscheidung für das Grundkonzept des Gartens. Die schönste Auswahl finden Sie auf den Seiten 146 bis 151.

### Arundo, Calamagrostis, Cortaderia, Fargesia

*Arundo donax,* **Riesenschilf.** Ein beeindruckendes Ziergras, die Pflanze bildet einen großen Busch mit dicken Stängeln und breit herabhängenden Blättern, die bis 60 cm lang werden. Winterfest bis ca. -12 Grad. Wenn Sie die Pflanze jedes Frühjahr bis kurz über dem Boden abschneiden, wird sie immer wieder ausschlagen. Standort: geschützt. Sonne, Höhe bis 5 m, Blüte September/Oktober.

*Calamagrostis × acutiflora,* **Reitgras.** Prächtiges, starkes Ziergras, schön als Solitär oder in Kombination mit blühenden Stauden. Das ganze Jahr dekorativ: Schon früh im Jahr erscheinen neue Blätter, der ganze Busch bleibt bis tief in den Winter aufrecht stehen. Im Frühjahr abgestorbene Blätter herausschneiden. Bekannteste Gartensorte ist 'Karl Foerster'. Sonne, Höhe 125 bis 150 cm, Blüte Juli/August. *C. brachytricha* ist das Diamantreitgras, zylindrische Blütenrispen von August bis Oktober, Höhe 75 bis 100 cm.

*Cortaderia selloana,* **Pampasgras.** Prächtiges Ziergras, oft als Solitär. Die schmalen Blätter haben scharfe Ränder und bilden lockere Büschel. Die dicken Rispen an den festen Stängeln bestehen aus vielen kleinen, silberweißen Ähren. Weil die Pflanze nicht richtig winterfest ist, wird ein Schutz gegen Frost empfohlen. Die Sorte 'Rendatleri' hat hellrosa Rispen. Sonne, Höhe bis 3 m, Blüte September/Oktober.

*Fargesia murieliae,* **Bambus.** Hoher Bambus, als Hecke gut geeignet. Eleganter Strauch, der große Horste bildet, aber nicht wuchert. 'Jumbo' hat einen lockeren, offenen Wuchs, 'Mae' ein schönes, schmales Blatt und bei 'Simba' hängen die Zweige elegant bogenförmig. Eine Hecke erhält man durch reihenförmig gepflanzte Ableger. Wird der Bambus zu groß, können Sie die Außenstängel abknipsen, sie werden dann nicht mehr ausschlagen. Der abgebildete *F. nitida* blüht derzeit in den meisten Gärten und stirbt dann ab. Pflanzen Sie danach *F. murieliae* oder *F.* 'Jiuzhaigou' an. Sonne oder Halbschatten, Höhe 2,50 bis 3,50 m.

### Miscanthus, Molinia, Panicum, Phyllostachys

*Miscanthus sinensis,* **Chinaschilf.** Hohes Ziergras, bekannt durch die 4 m hohe Sorte *M. floridulus,* als hoher Windschutz geeignet. Alte Sorten von *M. sinensis* blühen selten, neue blühen üppig und bereits in jungen Jahren. Im Herbst gelbe oder orange Blattfärbung, bis in den Winter sehr dekorativ. Im Frühjahr abschneiden. Abgebildet ist 'Afrika'. Sonne oder Halbschatten, Höhe 125 bis 200 cm, Blüte September/Oktober.

*Molinia caerulea,* **Pfeifengras.** Luftiger Wuchs und prächtige Herbstfärbung. Im Sommer graugrüne Blätter und schmale, bräunliche Blütenstände, 'Moorhexe' bleibt niedrig, graue Rispen, gelbliche Herbstfarbe. 'Transparent' hat große, zierliche Blütenrispen an überhängenden Stängeln, 'Windsäule' ist die höchste, bis zu 250 cm. *Molinia arundinacea* wird 130 bis 160 cm hoch, bildet dünne, sich verzweigende Blütenrispen an langen Stielen. Sonne, Höhe 75 bis 250 cm, Blüte August bis Oktober.

*Panicum virgatum,* **Rutenhirse.** Ein Ziergras, bei dem vor allem die Gartensorten mit den gefärbten Blättern auffallen. Wegen seines anspruchslosen und luftigen Wuchses passt es gut in Rabatten. Bei strengem Frost mit Laub schützen. 'Heavy Metal' hat ein steif emporragendes, graublaues Blatt, keine Herbstfarbe, bei 'Rehbraun' wird das Blatt bereits im Sommer grauviolett, 'Rotstrahlbusch' verfärbt sich noch etwas greller. Sonne, Höhe 100 bis 125 cm, Blüte August bis Oktober.

*Phyllostachys aurea,* **Bambus.** Bildet große Horste, keine langen Ausläufer. *Ph. aurea* (Foto), goldener Bambus mit hellgrünen, später gelben Stängeln, schmale, hellgrüne Blätter. Für den Anbau in Töpfen und Kübeln geeignet. *Ph. bisetii,* kräftiger, winterfester Bambus, gilt als schönster Gartenbambus. Schnell wachsend, bildet in zwei Jahren grüne Trennwand. *Ph. nigra* bekommt im Lauf der Zeit glänzende, schwarze Stängel, die elegant überhängen. Verträgt viel Sonne und Trockenheit. *Ph. vivax* 'Aureocaulis' hat braungelbe Stängel mit grünen Streifen, bis 4 m hoch. Sonne, Höhe 5 bis 6 m.

## Bäume und Sträucher

### *Acer, Fagus, Ficus, Laurus*

*Acer palmatum,* **Japanischer Ahorn.** Prächtiger Wuchs, schönes, eingeschnittenes Blatt, häufig schöne Farbtöne. Japanischer Ahorn ist eine bekannte Sorte mit vielen Unterarten. Meist recht klein – auch Zwergformen – mit schöner Herbstfärbung. Geschützter Standort, ziemlich feuchter Boden, auch für Kübel geeignet. Schnitt ist meist nicht notwendig. Halbschatten, Höhe bis 5 m, Blüte April/Mai (Foto oben).

*Fagus sylvatica,* **Buche.** Als Baum oder als Hecke; als Strauch auch für Kübel geeignet, setzt regelmäßiges Schneiden voraus, um die Buche klein zu halten. Für Figurschnitt geeignet (Seite 92). Das braune Blatt bleibt den ganzen Winter an den Zweigen, neue Blätter kommen recht spät im Frühjahr. Sonne oder Halbschatten, Höhe bis 30 m (als Baum), Blüte April/Mai.

*Ficus carica,* **Feige.** Blattverlierender Strauch, Blätter ca. 20 cm. Die grünen, birnenförmigen Früchte – werden in unserem Klima nicht immer reif – verfärben sich zum Ende des Sommers braunviolett. In milden Wintern kann die Feige draußen bleiben, bei strengem Frost schützen. 'Brown Turkey' ist eine bekannte, winterfeste Sorte mit leckeren Früchten. Sonne/Halbschatten, Höhe bis 3 m, Blüte März bis Mai.

*Laurus nobilis,* **Lorbeer.** Kräftige, immergrüne Kübelpflanze, für Formschnitt geeignet. Schmales, ovales, dunkelgrünes Blatt, im Frühjahr unauffällige, grüngelbe Blütchen an den weiblichen Pflanzen. Es folgen dunklere Früchte. 'Aurea' hat grüngelbe Blätter. In Form geschnittene Bäumchen können im Sommer zweimal nachgeschnitten werden. Sie können in kühlen, frostfreien Räumen überwintern. Das aromatische Blatt wird auch in der Küche verwendet. Sonne oder Halbschatten, Höhe bis 3 m, Blüte April/Mai (Foto unten).

## Ilex, Olea, Pittosporum, Jasminoides

*Ilex aquifolium,* **Stechpalme.** Immergrün, sehr robust und gut in Kübeln zu züchten. Der Strauch ist leicht in Form zu schneiden, wie Kegel oder Kugeln. Sehr geeignet sind unter anderem *Ilex aquifolium, Ilex × altaclarensis* 'Golden King' mit gelbbuntem Blatt und roten Beeren sowie *Ilex meserveae* 'Golden Girl' mit gelben Beeren. Sonne oder Halbschatten, Höhe bis 5 m, Blüte Mai/Juni (Foto oben).

*Olea europaea,* **Olivenbaum.** Ein langsam wachsender, immergrüner Baum, der in unserem Klima nicht gänzlich winterhart ist und darum vorzugsweise als Kübelpflanze gezüchtet wird. Sehr schön für einen Garten in mediterranem Stil. Die lederartigen Blätter sind graugrün, die kleinen, weißen Blüten duften. Später folgen grüne Früchte, die schwarz werden, wenn sie reifen. Vor allem ältere Bäume haben einen sehr dekorativen Stamm. Kann gut geschnitten werden. Sonne, Höhe bis zu 10 m, Blüte Juli/August.

*Pittosporum tobira,* **Klebsame.** Mäßig winterharter Strauch, immergrünes Blatt, herrlich duftende Blüten. Das glänzende Blatt hat einen hellen Mittelnerv. 'Variegatum' hat einen weißen Rand um das Blatt. Der Strauch ist gut zu schneiden, auch als Hochstämmchen. Er kann ein paar Minusgrade vertragen, aber es ist anzuraten, für einen kühlen, hellen Überwinterungsplatz zu sorgen (5 bis 10 Grad). Ein Highlight unter den Kübelpflanzen. Sonne, Höhe bis 2 m, Blüte März bis Mai.

*Trachelospermum jasminoides,* **Sternjasmin.** Kräftige Kübelpflanze, stark duftende, weiße Blüten, blüht reichhaltig. Längliche, lederartige Blätter und kleine, weiße Blüten in Form eines Propellers. Fantastischer Duftspender auf der Terrasse. Der Sternjasmin kann sogar bis zu -10 Grad vertragen. In milden Wintern nur während der Frostperioden hereinholen. Im Frühjahr zurückschneiden, Zweige an einem Gestell oder Kletterelement anbinden. Sonne oder Halbschatten, Höhe bis 4 m, Blüte Juli/August (Foto unten).

### Amelanchier, Betula, Buddleja, Catalpa

*Amelanchier lamarckii,* **Kupfer-Felsenbirne.** Ein robuster Strauch, der verwildert in europäischen Wäldern vorkommt. Die Blätter schlagen im Frühjahr prächtig aus, schnell gefolgt von feinen, weißen Blüten. Vögel sind verrückt nach den dunklen Früchten (Korinthen). Im Herbst färbt sich das Blatt schön orangerot. Ein attraktiver Strauch für den Garten. Sonne oder Halbschatten, Höhe bis 6 m, Blüte April/Mai (Foto oben).

*Betula,* **Birke.** Eleganter Baum, feine Blätter, schöne, gelbe Herbstfarbe, im Frühjahr Kätzchen. Die Rippenbirke *(Betula costata)* ist ein meist niedrig verzweigter Baum mit bis zu 8 cm langen Blättern. Die Rinde hat einen schönen, gelbweißen Farbton. Die Goldbirke *(Betula ermanii* 'Blush') hat eine gelbweiße Borke und ein recht großes, dreieckiges Blatt. *Betula nigra* ist die Schwarze Birke. Auffallend ist die krause, dunkelbraune Rinde. *Betula utilis* 'Doorenbos' wird nicht so groß und verzweigt sich direkt über dem Boden. Die Rinde ist weiß und blättert ab. Sonne bis Halbschatten, Höhe 12 bis 15 m, Blüte im April.

*Buddleja davidii,* **Schmetterlingsstrauch, Sommerflieder.** Dieser sommerblühende Strauch mit kleinen Blüten in dicken, zylindrischen Rispen zieht vor allem Schmetterlinge an. Wächst zierlich mit überhängenden Zweigen und passt sehr gut in größere Beete. Viele Gartenformen mit weißen, rosa, lila und violetten Blüten. *Buddleja × weyeriana* ist eine weniger bekannte, gelb blühende Sorte. Der Schmetterlingsstrauch blüht auf einjährigem Holz und kann deswegen im Frühjahr dicht über dem Boden abgeschnitten werden. Sonne, Höhe bis 3 m, Blüte Juli bis September (Foto Mitte).

*Catalpa bignonioides,* **Trompetenbaum.** Kräftiger Baum mit sehr großen Blättern, nur für große Gärten, durch häufiges Stutzen auch als kleinerer Strauch. Der Kugeltrompetenbaum mit Stamm (Gartenform 'Nana') ist gut geeignet für den Garten. Im Sommer weiße, prächtige, gefleckte Blüten, wenn er nicht geschnitten wird. 'Aurea': grüngelbe Blätter. Beim Kugeltrompetenbaum die Krone alle drei Jahre etwas stutzen. Sonne, Höhe bis 10 m, Blüte Juni/Juli (Foto unten).

### Hydrangea, Ilex, Laburnum, Malus

***Hydrangea macrophylla* 'Bouquet Rose', Großblättrige Gartenhortensie.** Die bekannteste Hortensie für den Garten, zu unterteilen in zwei Gruppen: „Mopheads" mit kugelförmigem Blütenstand und sterilen Blütchen (abgebildet) und „Lace-caps", bei denen kleine, fruchtbare Blütchen umgeben sind von einem Kranz steriler Blüten. *Hydrangea arborescens* 'Annabelle' ist ein kräftiger, buschiger Strauch mit weißen Blüten in sehr großen, kugelförmigen Schirmen, diese verfärben sich grün. *Hydrangea aspera* 'Macrophylla' ist ein bis zu 4 m hoher Strauch, die weißen und violetten Blüten stehen in breiten, flachen Schirmen bis zu 25 cm im Durchmesser. Geschützter Standort. Sonne oder Halbschatten, Höhe bis 2 m, Blüte Juli/August.

***Ilex × altaclarensis* 'Belgica Aurea', Großblättrige Stechpalme.** Hat ein größeres Blatt als die spitze Stechpalme und zudem weniger Stacheln. Bei der abgebildeten Gartenform hat das Blatt einen hellgelben Rand, orangerote Beeren. Wächst von sich aus in Pyramidenform, schneiden ist kaum notwendig. Halbschatten, Höhe bis 5 m, Blüte Mai/Juni.

***Laburnum × watereri*, Goldregen.** Strauch oder kleiner Baum, im Frühjahr mit zierlichen, gelben Blütentrauben. Für Formschnitt gut aufkronen (unterste Äste im Winter wegstutzen). Ein Goldregen als Hochstamm ist auch sehr dekorativ. Blätter und Früchte sind giftig. Bei 'Vossii' sind die Blütentrauben noch etwas länger, diese Form gilt als die schönste. Sonne, Höhe bis 7 m, Blüte Mai/Juni.

***Malus domestica*, Apfel.** Für jeden Garten geeignet. Als starker Baum, Spindelbaum oder in Spalierform. Der Spalierapfel ist eine schöne Alternative zur Spalierlinde. Für eine gute Bestäubung ist es oftmals notwendig, zwei verschiedene Sorten zu pflanzen. Informieren Sie sich bei einem Obstbaumzüchter. Es gibt auch einige Zieräpfel, die üppig blühen und viele kleine, hübsch gefärbte, aber meist nicht essbare Zieräpfelchen tragen. Sonne, Höhe bis 6 m, Blüte April/Mai.

## Morus, Platanus, Pyrus, Rhododendron

***Morus alba* 'Pendula', Hänge-Maulbeerbaum.** Dieser altertümliche Obstbaum wirkt vor allem wegen seiner hübschen Blätter. *M. alba* ist die Weiße Maulbeere. Grob gezacktes Blatt, an der Unterseite glatt, die Scheinfrüchte sind hellgelb. 'Macrophylla' hat frischgrüne, glänzende Blätter, häufig tief gelappt, sie sind ungefähr so groß wie die der Platane, 'Pendula' ist die Trauerform. *M. nigra* ist die Schwarze Maulbeere. Ovales bis herzförmiges Blatt, rau an der Oberseite, an der Unterseite behaart. Die Scheinfrüchte sind dunkel- bis schwarzrot und essbar. Für Formschnitt geeignet, beispielsweise als „pflanzlicher Sonnenschirm" auf der Terrasse. Sonne, Höhe bis 12 m, Blüte im Mai.

***Platanus × acerifolia*, Ahornblättrige Platane.** Großer, starker Baum, erkennbar an der sich ablösenden Rinde. Große, hellgrüne Blätter mit 3 bis 5 Lappen, die bis 35 cm lang werden können, erwachsene Bäume bilden runde Früchte. Als Spalierbaum oder in Schirmform geschnitten. Sie ist gut zu schneiden und eventuell sogar zu kappen. Für Gärten sind nur die Spalierformen geeignet. Sonne, Höhe bis 35 m (als Baum), Blüte im Mai.

***Pyrus communis*, Kultur-Birne.** Wurde gezüchtet wegen ihrer saftigen Früchte, sie kann sowohl als Hochstamm, Niedrigstamm oder als Spalierbaum geschnitten werden. Zwei Sorten werden als Zierart gezüchtet, *P. calleryana* und die Weidenblättrige Birne *P. salicifolia*. Die kleinen Früchte sind nicht essbar. *P. salicifolia* ist einer der schönsten Bäume für kleine Gärten, Höhe bis 3 m, weiße Blüten im April/Mai.

***Rhododendron* und Azaleen.** Es wird unterschieden zwischen den botanischen (wilden) Sorten, die *Rh.*-Hybriden und den Azaleen. Unter die Yakushimanum-Gruppe fallen alle Gartenformen, die nicht höher als 1 m werden, aber es gibt auch Gartensorten, die 4 m hoch werden können, wie die abgebildete 'Roseum elegans'. *Rhododendron* ist meist immergrün, bei den Azaleen gibt es auch blattverlierende Sorten. Halbschatten, Höhe variiert von 50 cm bis 4 m, Blüte April bis Juni.

## Rhus, Robinia, Salix, Tilia

*Rhus typhina,* **Essigbaum.** Wirkungsvoller Baum oder Strauch für kleine Gärten, lange, gefiederte Blätter, prächtige Herbstfärbung. Das Blatt ist bis zu 30 cm lang und besteht aus vielen lanzenförmigen Blättchen. Die grünen Blüten sitzen in dicken Rispen an weiblichen Sträuchern und fallen erst auf, wenn sie sich später dunkelrot färben. Starke Neigung zu Wurzelausläufern, kann dadurch lästig werden. Sie können am besten einen Stamm ausbilden und den Rest konsequent wegschneiden. Sonne/Halbschatten, Höhe bis 5 m, Blüte Juni/Juli.

*Robinia pseudoacacia,* **Scheinakazie.** Ein Baum mit schöner, lockerer Krone, hellgrüne, zusammengesetzte Blätter. Die Rinde ist tief gefurcht und zeigt vor allem bei älteren Exemplaren hübsche Muster. Blätter ab spätem Frühjahr, gelbliche Herbstfärbung. Weiße, duftende Blüten hängen in Trauben, später entwickeln sich grüne Schoten. 'Frisia' hat schöne, grüngelbe Blätter, vor allem an den jüngeren Zweigen, Bis 8 m. 'Umbraculifera' sitzt auf einem ca. 2 m hohen Stamm (abgebildet). Sonne, Höhe bis 25 m, Blüte im Juni.

*Salix caprea,* **Weide.** Wächst gern auf feuchtem Grund. *S. matsudana* 'Tortuosa' ist die bekannte Korkenzieherweide. *S. caprea* ist die Wasserweide, Höhe bis 10 m. Häufig an Ufern; im Frühjahr trägt sie silberweiße bis hellgelbe Kätzchen. 'Kilmarnock' ist eine bekannte Sorte. *S. exigua* mit schmalen, silbergrauen Blättern an dünnen Zweigen, im Frühjahr graugelbe Kätzchen. Höhe bis 4 m. *S. alba* 'Chermesina' ist geeignet zum Kappen (Seite 142). Sonne, Blüte März/April.

*Tilia × europaea,* **Linde.** Sehr großer Baum für Parks und große Gärten. Weil sie gut geschnitten werden kann, auch in kleineren Gärten als Spalierlinde. Die Zweige werden hierfür an einem Rahmen entlanggeführt, die Seitentriebe jedes Jahr zurückgeschnitten. Gut als Sonnenschirm vor einer Fassade oder hinter einem großen Beet. Das Blatt ist schief herzförmig, an der Unterseite heller getönt. Die Winterlinde (*T. cordata*) ist eine Sorte mit einem feineren Blatt, leichter in Form zu schneiden. Sonne, Höhe bis 30 m, Blüte im Juni.

**Weitere Bücher des Becker Joest Volk Verlags (Auswahl)**

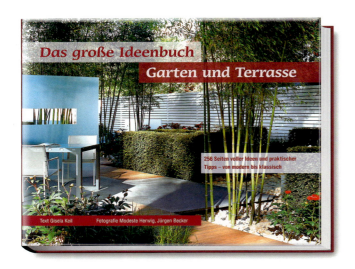

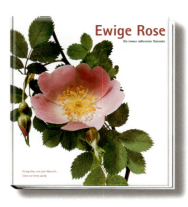

**Das große Ideenbuch – Garten und Terrasse**
256 Seiten voller Ideen und praktischer Tipps –
von modern bis klassisch
*256 Seiten mit ca. 125 Farbabbildungen, Format 30 x 24 cm*
*Text Gisela Keil*
*Fotografie Modeste Herwig, Jürgen Becker*
EUR 29,90 (D) / 31,90 (A) / sFr. 49,90
ISBN 978-3-938100-09-7

**Terrassen-Highlights**
Romantisch, klassisch oder modern – die schönsten
Gestaltungsideen für Ihre Traumterrasse
*160 Seiten mit ca. 130 Farbabbildungen, Pflanztabellen,*
*Tipps und Adressen, Format 30 x 24 cm*
*Text Jolanda Englbrecht*
*Fotografie Nik Barlo jr.*
EUR 29,90 (D) / 31,90 (A) / sFr. 49,90
ISBN 978-3-938100-08-0

**Ewige Rose**
Ein immer währender Kalender
*132 Seiten mit ca. 66*
*Farbabbildungen*
*Format 18 x 19 cm*
*Text Anny Jacob*
*Fotografie Josh Westrich*
EUR 9,95 (D)
ISBN 978-3-938100-14-1

# Weitere Bücher des Becker Joest Volk Verlags (Auswahl)

**Pflanzen-Highlights**
Von Allium bis Zaubernuss – erlesene Schönheiten für jeden Standort
*208 Seiten mit ca. 200 Farbabbildungen*
*Format 30 x 24 cm*
*Text Susanne Wiborg*
*Fotografie Ursel Borstell*
EUR 34,90 (D) / 35,90 (A) / sFr. 57,90
ISBN 978-3-9808977-4-7

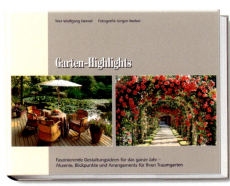

**Garten-Highlights**
Faszinierende Gestaltungsideen für das ganze Jahr – Akzente, Blickpunkte und Arrangements für Ihren Traumgarten
*160 Seiten mit ca. 200 Farbabbildungen,*
*Pflanztabellen, Tipps und Adressen*
*Format 30 x 24 cm*
*Text Wolfgang Hensel*
*Fotografie Jürgen Becker*
EUR 29,90 (D) / 31,90 (A) / sFr. 49,90
ISBN 978-3-9808977-2-3

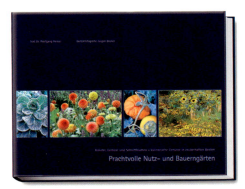

**Prachtvolle Nutz- und Bauerngärten**
Kräuter, Gemüse und Schnittblumen – kulinarische Genüsse in zauberhaften Beeten
*160 Seiten mit ca. 220 Farbabbildungen,*
*Pflanztabellen, Tipps und Adressen*
*Format 30 x 24 cm*
*Text Wolfgang Hensel*
*Fotografie Jürgen Becker*
EUR 29,90 (D) / 31,90 (A) / sFr. 49,90
ISBN 978-3-9808977-0-9

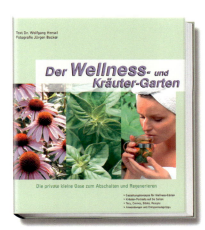

**Der Wellness- und Kräuter-Garten**
Die private kleine Oase zum Abschalten und Regenerieren
*144 Seiten mit ca. 85 Farbabbildungen*
*Format 23,5 x 27,8 cm*
*Text Dr. Wolfgang Hensel*
*Fotografie Jürgen Becker*
EUR 24,95 (D) / 26,90 (A) / sFr. 41,90
ISBN 978-3-938100-01-1

**Zauberhafte Dekorationen**
für drinnen und draußen
Inspirationen für alle Jahreszeiten
*120 Seiten mit ca. 90 Farbabbildungen*
*Format 23,5 x 27,8 cm*
*Text Silke Kluth*
*Fotografie Elke Borkowski*
EUR 24,95 (D) / 26,90 (A) / sFr. 41,90
ISBN 978-3-938100-03-5

# Index

## A

*Acer* 97, 146
*Acer campestre* 97
*Actinidia deliciosa* 137
*Actinidia kolomikta* 137
Afrikanische Schmucklilie 122
*Agapanthus* 122
Ägyptische Weide 129
Ahorn 97, 146
Ahornblättrige Platane 150
*Akebia quinata* 137
*Amelanchier lamarckii* 148
Apfel 149
*Aristolochia durior* 138
*Arundo donax* 144
*Aucuba* 103
Azaleen 150

## B

Bambus 11, 30, 31, 32, 33, 74,
89, 90, 93, 107, 121, 142, 143,
144, 145

Bastardzypresse 98
Baummalve 62
Beize 13, 14, 50
*Berberis* 107
*Berberis thunbergii* 107
Berberitze 107
*Betula* 93, 118, 148
*Betula costata* 148
*Betula nigra* 148
*Betula pendula* 'Youngii' 118
*Betula utilis* 'Doorenbos' 93, 148
Birke 90, 93, 118, 148
Blauregen 65, 67, 77, 121, 125,
141
Bleiwurz 122, 123
Blutbuche 101
Bruchsteinmauer 37
Buche 62, 87, 89, 98, 99, 101,
121, 122, 146
Buchenhecke 89, 91, 95, 98,
99, 101, 110
Buchsbaum 87, 103, 106, 107,
109, 121
*Buddleja* × *weyeriana* 148

*Buddleja davidii* 148
*Buxus* 87, 95, 103, 104, 105,
107, 109, 110, 111, 121
*Buxus microphylla* 'National' 104
*Buxus sempervirens* 'Argenteova-
riegata' 111
*Buxus sempervirens* 'Suffruticosa'
109, 111

## C

*Calamagrostis* × *acutiflora* 144
*Calamagrostis brachytricha* 144
*Callistemon* 122
*Campsis* × *tagliabuana* 'Mme
Galen' 138
*Campsis radicans* 138
*Carpinus* 96, 98, 121, 129
*Carpinus betulus* 96, 98
*Catalpa bignonioides* 118, 148
*Chamaerops* 122
Chilenischer Kartoffelbaum
122
Chinaschilf 142, 145

*Clematis* 28, 77, 126, 134, 135,
136
*Clematis* (Atragene-Gruppe)
'Maidwell Hall' 136
*Clematis* (Patens-Gruppe)
'Masquerade' 136
*Clematis* (Tangutica-Gruppe)
'Bill MacKenzie' 134, 136
*Clematis* (Viticella-Gruppe)
'Margot Koster' 136
*Clematis macropetala* 136
*Clematis montana* 136
*Clematis viticella* 136
*Cornus* 121
*Cortaderia selloana* 144
Corten-Stahl 53, 62
*Corylus* 129
*Cotoneaster* 104
*Cotoneaster conspicuus* 104
*Cotoneaster dielsianus* 104
*Crataegus* 98, 129
*Crataegus monogyna* 98
× *Cupressocyparis leylandii* 98,
101

# Index

**D**

Dachplatane 118, 119

Drahtgitter 7

Drahtglas 57, 61, 93

Duftblüte 87, 104, 107, 109

Duftende Fleischbeere 109

**E**

Echter Jasmin 122

Edelstahl 15, 17, 53, 63

Efeu 24, 28, 31, 32, 111, 121, 126, 139

Eibe 97, 101, 103, 121

Eiche 129

Englische Kletterrose 'Leander' 130

Essigbaum 151

*Euonymus* 126, 138

**F**

*Fagus* 62, 101, 102, 121, 146

*Fagus sylvatica* 62, 101, 102, 146

*Fagus sylvatica* 'Purpurea' 101

*Fallopia aubertii* 138

*Fargesia* 'Jiuzhaigou' 144

*Fargesia murieliae* 144

*Fargesia nitida* 144

Feige 122, 146

Feldahorn 97

Feuerdorn 112, 114, 140

*Ficus* 146

*Ficus carica* 146

*Fraxinus excelsior* 'Pendula' 118

Frühlingsduftblüte 109

*Fuchsia* 111

Fuchsie 111

**G**

Gabione 44, 45, 58, 90

Gamander 109

Gefüllte Apfelrose 113, 115

Geißblatt 77, 104, 135

Glanzmispel 107, 121

Glas 11, 57, 59, 93

Glasplatten 56, 57

Goldbirke 148

Goldgeißblatt 137

Goldorange 103

Goldregen 126, 127, 149

Granatapfel 122

Großblättrige Gartenhortensie 111, 149

Große Kapuzinerkresse 77

Grüne Heckenberberitze 107

**H**

Hainbuche 87, 96, 98, 121, 129

Hängende Weidenblättrige Birne 118

Hartriegel 121

Hasel 129

Haselnussruten 7

Heckenkirsche 104, 137

Heckenpflanzen 112, 129

*Hedera* 28, 126, 139

*Hedera colchica* 139

*Hedera helix* 28, 139

*Hedera helix* 'Baltica' 28

*Hedera hibernica* 139

Heide 11, 32, 93

Heidematten 32, 33

Hopfen 77, 79, 139

Hortensie 111, 115, 149

*Humulus* 77, 79, 139

*Humulus lupulus* 139

*Hydrangea* 111, 115, 139, 149

*Hydrangea anomala* ssp. petiolaris 112, 139

*Hydrangea arborescens* 'Annabelle' 149

*Hydrangea aspera* 'Macrophylla' 149

*Hydrangea macrophylla* 111, 115, 149

*Hypericum* 'Hidcote' 112

**I**

*Ilex* 95, 101, 109, 121, 147, 149

*Ilex* × *altaclarensis* 'Belgica Aurea' 149

# Index

*Ilex* × *altaclarensis* 'Golden King' 147

*Ilex* × *meserveae* 101

*Ilex aquifolium* 101, 147

*Ilex crenata* 109

*Ilex meserveae* 'Golden Girl' 147

*Ipomoea* 77

## J

Japanische Aukube 103

Japanische Hagebuttenrose 115

Japanische Weinbeere 141

*Jasminum officinale* 122, 123

Johanniskraut 112

Jungfernrebe 140

## K

Kalksandstein 38, 39, 58

Kanarische Kresse 141

Kapuzinerkresse 77, 141

Kegelförmige Silberweide 129

Kiefer 121

Kirschlorbeer 87, 101, 102, 121

Kiwi 137

Klebsame 147

Kletterelement 67, 73, 122, 135, 141, 147

Klettergurke 137

Kletterhortensie 28, 111, 139

Kletterpflanzen 28, 32, 39, 54, 61, 65, 66, 67, 71, 73, 74, 76, 77, 79, 115, 117, 122, 123, 126, 137, 138, 139, 140, 141

Kletterrosen 67, 77, 121, 131, 132, 133, 135

Korbweide 129

Kübelpflanzen 77, 121, 122, 123, 125, 147

Kugeltrompetenbaum 148

## L

*Laburnum* 126, 127, 149

*Laburnum* × *watereri* 149

*Lathyrus* 77, 140

*Lathyrus latifolius* 140

*Lathyrus odoratus* 140

Laube 11, 65, 77, 79, 82, 111, 117, 118, 126, 128, 129

*Laurus* 122, 146

*Laurus nobilis* 146

*Lavandula angustifolia* 109

*Lavatera arborea* 62

Lavendel 109

Lebensbaum 103

Liguster 87, 104

Ligusterhecke 104

*Ligustrum* 87, 104

*Ligustrum ovalifolium* 'Aureum' 104

*Ligustrum vulgare* 104

Linde 104, 105, 117, 118, 129, 151

*Lonicera* 77, 104, 134, 135, 137

*Lonicera* × *brownii* 'Dropmore Scarlet' 137

*Lonicera* × *tellmanniana* 'Joan Sayer' 137

*Lonicera periclymenum* 'Serotina' 134, 135

Lorbeer 122, 146

Louvre-Schirm 17, 53, 55

## M

*Malus domestica* 149

*Mandevilla* × *amabilis* 122

Maulbeerbaum 118

Mehlbeere 118

*Miscanthus floridulus* 145

*Miscanthus sinensis* 142, 145

*Miscanthus sinensis* 'Gracillimus' 142

*Molinia arundinacea* 145

*Molinia caerulea* 145

*Morus alba* 'Macrophylla' 117

*Morus alba* 'Pendula' 150

*Morus nigra* 117, 150

## N

Naturstein 37, 38, 40, 44, 87, 90

Natursteinmauer 35, 37

## O

Oleander 122

# Index

*Olea europaea* 147

Olivenbaum 147

*Osmanthus* 87, 104, 107, 109

*Osmanthus burkwoodii* 109

*Osmanthus heterophyllus* 107

## P

Palmen 122

Pampasgras 144

*Panicum virgatum* 145

*Parthenocissus henryana* 140

*Parthenocissus quinquefolia* 140

*Parthenocissus tricuspidata* 140

*Passiflora* 77, 140

*Passiflora caerulea* 140

Passionsblume 77, 140

Pergola 7, 11, 44, 53, 58, 65, 66, 67, 68, 69, 70, 71, 73, 79, 80, 82, 126, 131, 135, 137, 138, 141

Pfaffenhütchen 126, 138

Pfeifengras 145

Pfeifenwinde 138

*Photinia* 107, 121

*Photinia × fraseri* 'Red Robin' 107

*Phyllostachys aurea* 145

*Phyllostachys bisetii* 145

*Phyllostachys nigra* 145

*Phyllostachys vivax* 'Aureocaulis' 145

*Pinus* 121

*Pittosporum tobira* 147

Platane 116, 117, 118

*Platanus × acerifolia* 150

Platterbse 77, 140

*Plumbago* 122, 123

*Plumbago auriculata* 122, 123

*Plumbago auriculata* 'Alba' 123

Prunkwinde 67

*Prunus laurocerasus* 87, 101, 102

*Prunus lusitanica* 121

*Punica* 122

Purpurglöckchen 77

*Pyracantha* 112, 114, 140

*Pyracantha coccinea* 112, 140

*Pyracantha rogersiana* 112

*Pyrus calleryana* 150

*Pyrus communis* 150

*Pyrus salcicifolia* 'Pendula' 118

*Pyrus salicifolia* 62, 150

## Q

*Quercus* 129

## R

Rankrosen 131, 132

Reitgras 144

*Rhodochiton* 77

Rhododendron 112, 150

*Rhododendron Catawbiense*-Hybriden 112

*Rhus typhina* 151

Riedmatten 93

Riesenschilf 144

Rippenbirke 148

*Robinia pseudoacacia* 151

*Rosa* 50, 112, 113, 115, 130, 132, 133

*Rosa* (Rugosa-Hybride) 'Hansa' 113, 115

*Rosa* 'Alchymist' 133

*Rosa* 'American Pillar' 132

*Rosa* 'Bantry Bay' 133

*Rosa* 'China Town' 133

*Rosa* 'Leander' 132

*Rosa* 'Mme Gregoire Staechelin' 132

*Rosa* 'Westerland' 133

*Rosa rugosa* 115

*Rosa virginiana* 'Harvest Song' 115

Rose 107, 112, 131, 132, 149

Rotbuche 102

Rote Heckenkirsche 104, 137

*Rubus fruticosus* 141

*Rubus idaeus* 141

*Rubus phoenicolasius* 141

Rutenhirse 145

## S

*Salix × hungarica* 129

# Index

*Salix aegyptiaca* 129

*Salix alba* 'Chermesina' 129, 151

*Salix alba* ssp. *vitellina* 129

*Salix caprea* 151

*Salix exigua* 151

*Salix matsudana* 'Tortuosa' 151

*Salix viminalis* 'Black Osier' 129

*Salvia nemorosa* 62

Salweide 129

*Sarcococca hookeriana* var. *humilis* 109

Scharlachfuchsie 111

Scheinakazie 151

Schlingknöterich 138

Schmetterlingsstrauch 148

Schwarzäugige Susanne 77

Schwarze Maulbeere 117, 150

Sichtschutz 7, 8, 10, 11, 22, 32, 35, 44, 53, 54, 57, 58, 86, 97, 104, 121, 126, 127, 143

Sichtschutzwand 13, 22, 43, 53

Silberweide 126, 129

*Solanum crispum* 122

Sommerflieder 148

Sonnenschirm 80, 117, 118, 150

Sonnenschutz 11, 71, 80, 81, 82, 93, 116, 117, 118

Sonnensegel 73, 80, 82, 93

*Sorbus aria* 118

Spalier 53, 65, 68, 73, 74, 77, 90, 93, 121, 126, 135

Spalierbäume 8, 117

Spalierschirm 53

Staudenwicke 140

Stechpalme 87, 95, 101, 107, 109, 121, 147, 149

Steppensalbei 62

Sternjasmin 122, 123, 147

## T

*Taxus* 49, 87, 89, 97, 98, 101, 103, 121

*Taxus baccata* 97, 98, 103

*Teucrium* 109, 111

*Teucrium chamaedrys* 111

*Thuja* 100, 101, 103

*Thuja occidentalis* 'Brabant' 103

*Thunbergia* 77

*Tilia* 105, 129, 151

*Tilia* × *europaea* 151

*Tilia cordata* 151

*Trachelospermum* 122, 123, 147

*Trachelospermum jasminoides* 122, 123, 147

*Trachycarpus* 122

Tränenblech 61

Trauerbirke 118

Trichterwinde 77

Trompetenbaum 117, 148

Trompetenwinde 138

*Tropaeolum* 77, 141

*Tropaeolum majus* 141

## U

*Ulmus glabra* 'Camperdownii' 118

## V

*Vitis* 77, 141

*Vitis coignetiae* 141

## W

Waldgeißblatt 134

Waldrebe 67, 77, 126, 134, 135, 136

Wasserweide 151

Weidenblättrige Birne 62, 118, 150

Weidenruten 7, 8, 11, 24, 26, 27, 28, 29, 31, 62, 126, 128, 129, 142

Wein 42, 65, 67, 73, 117

Weinrebe 77, 141

Weißdorn 8, 98, 129

Weiße Maulbeere 150

Wellblech 53, 58

*Wisteria* 65, 67, 121, 125, 141

*Wisteria* × *formosa* 141

*Wisteria floribunda* 141

*Wisteria sinensis* 141

## Z

Ziegel 20, 35, 37, 39, 40, 44, 49, 91

Ziergräser 31, 90, 93, 142, 143

Zwergmispel 104

Zylinderputzer 122

# Gartenbesitzer und Architekten

| | | | | |
|---|---|---|---|---|
| Seite 6 | **Chelsea Flower Show,** Gestaltung: Christopher Bradley-Hole | | Seite 48 | **Chelsea Flower Show,** M.A. Walker |
| Seite 8 | **Familie Nelis-Zwart,** Gestaltung: Loek Hoek | | Seite 49 | **Chelsea Flower Show,** Andrew Duff |
| Seite 9 | **Chelsea Flower Show,** Gestaltung: Fiona Lawrenson | | Seite 50 | **Schloss Ippenburg,** Gestaltung: Jane Schul |
| Seite 10 | **Familie Van Os,** Gestaltung: Henk Weijers | | Seite 52 | **Familie Pot-Peulen,** Gestaltung: Duotuin |
| Seite 12 | **Familie Van Os,** Gestaltung: Henk Weijers | | Seite 53 | **Familie Nelis-Zwart,** Gestaltung: Loek Hoek |
| Seite 14 | **Familie Weerman,** Gestaltung: Henk Weijers | | Seite 55 | Gestaltung: Jos van de Lindeloof |
| Seite 15 | **Familie Weerman,** Gestaltung: Henk Weijers | | Seite 56 | **Chelsea Flower Show,** Gestaltung: Christopher Bradley-Hole |
| Seite 19 | **Chelsea Flower Show,** Gestaltung: Christopher Bradley-Hole | | Seite 57 | **Chelsea Flower Show,** Gestaltung: Christopher Bradley-Hole |
| Seite 20 | **Chelsea Flower Show,** Gestaltung: Christopher Bradley-Hole | | Seite 58 | **Peter Rutten en Rik Wanninkhof,** Gestaltung: Duotuin |
| Seite 22 | Gestaltung: Buro Vis á Vis | | Seite 59 | **Chelsea Flower Show,** Gestaltung: Christopher Bradley-Hole |
| Seite 23 | **Familie Schuiten,** Gestaltung: Duotuin | | Seite 60 | **De Tuinen van Appeltern,** Gestaltung: Henk Weijers |
| Seite 26 | Gestaltung: Meneer Vermeer Tuinen | | Seite 62 | **De Tuinen van Appeltern,** Gestaltung: Piet Oudolf |
| Seite 29 | **Makeblijde Tuinen,** Gestaltung: Mariske Pemmelaar-Groot | | Seite 63 | Gestaltung: Henk Weijers |
| Seite 30 | Gestaltung: Rob Herwig | | Seite 64 | **Wyken Hall** |
| Seite 31 | Gestaltung: Han Njio | | Seite 68 | Gestaltung: Dick Beijer |
| Seite 33 | **Makeblijde Tuinen,** Gestaltung: Mariske Pemmelaar-Groot | | Seite 69 | **Familie Kloos,** Gestaltung: Piet Oudolf |
| Seite 34 | **De Tuinen van Appeltern,** Gestaltung: Dick Huigens | | Seite 70 | **Kijktuinen Goedegebuure,** Nunspeet |
| Seite 36 | **Chelsea Flower Show,** Gestaltung: Christopher Bradley-Hole | | Seite 72 | **Hampton Court Palace Flower Show,** Gestaltung: Jane Mooney |
| Seite 37 | Gestaltung: Han Njio | | Seite 74 | **Chelsea Flower Show,** Gestaltung: G. Carter |
| Seite 38 | **Chelsea Flower Show,** Gestaltung: Fiona Lawrenson | | Seite 75 | **RHS Garden Wisley** |
| Seite 42 | **Familie de Ruigh,** Gestaltung: Modeste Herwig | | Seite 80 | **Keukenhof,** Gestaltung: Jacqueline van der Kloet |
| Seite 43 | **Chelsea Flower Show,** Gestaltung: Stephen Woodhams | | Seite 81 | Gestaltung: Henk Weijers |
| Seite 44 | **Dhr. Rutten en Dhr. Wanninkhof,** Gestaltung: Duotuin | | Seite 83 | **Familie de Ruigh,** Gestaltung: Modeste Herwig |
| Seite 45 | **Chelsea Flower Show,** Gestaltung: Christopher Bradley-Hole | | Seite 84 | Gestaltung: Dick Beijer |

## Gartenbesitzer und Architekten

| | |
|---|---|
| Seite 85 | Gestaltung: Dick Beijer |
| Seite 86 | **RHS Garden Wisley** |
| Seite 87 | Gestaltung: Dick Beijer |
| Seite 88 | Gestaltung: Bart Hoes |
| Seite 90 | Gestaltung: Robert Broekema |
| Seite 91 | **Rhulenhof Tuinen** |
| Seite 92 | **Familie Boogaards,** Gestaltung: Elmar de Beukelaar |
| Seite 96 | **Chelsea Flower Show,** Gestaltung: Tom Stuart-Smith |
| Seite 97 | **Chelsea Flower Show,** Gestaltung: P. Clarke und P. Wynniatt |
| Seite 98 | **Familie Corver,** Gestaltung: Dick Beijer |
| Seite 100 | Gestaltung: André van Wassenhove |
| Seite 101 | Gestaltung: André van Wassenhove |
| Seite 102 | **Hampton Court palace Flower Show,** Gestaltung: Designscape |
| Seite 108 | **Piet Oudolf** |
| Seite 114 | **Kijktuinen Goedegebuure, Nunspeet** |
| Seite 115 | **André van Wassenhove** |
| Seite 118 | **Sudeley Castle** |
| Seite 120 | **Daniel de Love** |
| Seite 142 | **Familie Oostenrijk,** Gestaltung: Dick Huigens |
| Seite 143 | Gestaltung: Rob Herwig |
| Seite 159 | **Familie Weerman,** Gestaltung: Henk Weijers |
| Seite 161 | **Familie Philipsen,** Gestaltung: Dick Beijer |

Die Autorin und der Becker Joest Volk Verlag danken allen Gartenbesitzern und -architekten, die durch ihre freundliche Unterstützung zum Gelingen dieses Buches beigetragen haben.

Für ihre unermüdlichen Bemühungen um die außerordentliche Qualität danken wir Christiane Elbert, Ilona Schyma, Claudia Wester, Phoebe Päth und Justyna Krzyzanowska, Angela Klein-Volk und Antje Rugullis, Claudia Wilke und Volker Hoebel. Besonderer Dank gilt Siegfried Huck, Klaus Fischer und dem Team von **Wesel Kommunikation Baden-Baden, VVA Kommunikation Düsseldorf** für fachliche Unterstützung auf dem Weg zu einem einzigartigen Druckergebnis.

Originalausgabe Becker Joest Volk Verlag
© 2006 Alle Rechte vorbehalten
1. Auflage September 2006 (4.000)

ISBN 978-3-938100-15-8

Text und Fotografie: Modeste Herwig
Fotografie auf den Seiten 146 u., 148 u., 149 u.,
150 u. und 151 2. und 3. von o.: Jürgen Becker
Deutsche Bearbeitung: Antje Rugullis
Layout, Typografie, Satz, Bildbearbeitung, Lithografie, Lektorat:
Makro Chroma Werbeagentur, Hilden

Hilden, den 23.08.2006